Les hedge funds

Éditions d'Organisation
Groupe Eyrolles
61, bd Saint-Germain
75240 Paris Cedex 05
www.editions-organisation.com
www.editions-eyrolles.com

Gérard Marie Henry

Les hedge funds

EYROLLES

Éditions d'Organisation

À Mathilde, sans laquelle ce livre n'aurait pas été écrit.

Sommaire

Introduction

Les marchés financiers connaissent actuellement un foisonnement créateur absolument extraordinaire, que nous observons depuis plusieurs années, mais qui, semble-t-il, a tendance à s'accélérer et qui a des aspects extraordinairement positifs.

M. Jean-Claude Trichet, président de la BCE, devant la Commission monétaire du Parlement européen, Bruxelles, mardi 10 octobre 2006.

Le grand public semble régulièrement redécouvrir l'existence des hedge funds, ces fonds d'investissement dont on dit que la gestion est différente, car ils « spéculent ». Les hedge funds existent en fait depuis près de soixante ans.

On attribue généralement à Alfred Winslow Jones, un personnage remarquable à la fois journaliste, sociologue et investisseur, la création du premier hedge fund en 1949. A. W. Jones gère discrètement – et très efficacement – son fonds jusqu'en avril 1966, date à laquelle paraît dans *Fortune Magazine* un article intitulé « The Jones that nobody keeps up with » qui explique la stratégie originale de Jones (« *des instruments spéculatifs pour des objectifs conservateurs* ») et qui souligne les résultats extraordinaires de A. W. Jones & Co : un rendement annuel moyen de 17,3 %.

Depuis cette date, le nombre de hedge funds et le montant des actifs qu'ils gèrent ont explosé, surtout depuis le début des années 2000. Des estimations suggèrent qu'il y a aujourd'hui environ 9 000 hedge funds qui gèrent plus de 2 000 milliards de dollars d'actifs, alors qu'il y avait il y a vingt ans environ 500 fonds de ce type gérant « seulement » 38 milliards de dollars d'actifs[1].

---

1. Il ne s'agit que d'estimations puisque, aux États-Unis en particulier, les hedge funds ne sont pas soumis à enregistrement auprès de la *Securities and Exchange Commission* (SEC) qui est l'autorité de surveillance des marchés financiers américains. Au Royaume-Uni, au contraire, les gérants de hedge funds sont surveillés par la *Financial Services Authority* qui leur applique des règles voisines de celles auxquelles les banques sont soumises. Voir chapitre 7.

Plusieurs facteurs peuvent expliquer le développement extraordinaire des hedge funds depuis les années 2000. Il convient tout d'abord de souligner la création de richesse sans précédent qui s'est produite, tout particulièrement aux États-Unis, au cours de l'envolée boursière des années 1990. Cette création de richesse a singulièrement augmenté le nombre d'investisseurs « sophistiqués », tout particulièrement les investisseurs privés très fortunés, et elle a en outre modifié la façon dont des acteurs plus prosaïques s'intéressent à leur argent et à leurs finances[1].

Il s'est également produit un transfert de richesses sans précédent dans l'histoire par le biais des héritages, à mesure que les parents des *baby-boomers* ont progressivement laissé leurs actifs à leurs enfants. Ces nouveaux investisseurs sont généralement plus sophistiqués et ils ont une tolérance plus élevée pour le risque que la génération précédente, mais ils sont aussi plus exigeants en termes de performance. Ces comportements sont bien évidemment favorables aux hedge funds et aux investissements « alternatifs », qui visent en général des rendements absolus plus élevés grâce à leur flexibilité et aux contraintes moins sévères qui pèsent sur leur gestion.

La fin des années 1990 voit progresser vivement l'intérêt des investisseurs institutionnels envers les hedge funds. En particulier, dès septembre 1999, le fonds de retraite (*pension fund*) CalPERS – le plus important fonds de retraite au monde – décide d'augmenter à onze milliards de dollars, soit 6 % de ses actifs totaux, le plafond de ses investissements alternatifs, un milliard de dollars étant spécifiquement alloué à des hedge funds.

La croissance de l'industrie des hedge funds se poursuit depuis le choc boursier de mars 2000. Les raisons d'investir dans ces fonds ont toutefois complètement changé : les investisseurs cherchent désormais des moyens efficaces de diversification pour protéger leur capital face à des marchés boursiers instables et des rendements

---

1. L'édition du journal *Le Monde* du dimanche-lundi comprend désormais un cahier « Argent ».

obligataires déprimés. De leur côté, les investisseurs institutionnels orientent plus leurs investissements alternatifs vers des stratégies de rendement absolu, et plus spécifiquement les hedge funds, alors qu'ils privilégiaient auparavant le capital-investissement (*private equity*) et l'immobilier (*real estate*).

Les besoins de ces nouveaux investisseurs – tout à fait différents des attentes des clients privés fortunés – ont déclenché un processus qui a conduit à de multiples changements dans le secteur des hedge funds. De nombreux hedge funds sont devenus plus « sérieux », ils ont mis en place des techniques d'investissement stables, une transparence accrue, une gestion du risque efficace et un moindre recours à l'effet de levier, de manière à satisfaire la sélection rigoureuse et les règles exigeantes des grands investisseurs institutionnels. De plus, de nombreuses institutions financières traditionnelles ont commencé à introduire des fonds de hedge funds dans leur palette de produits pour les offrir à leurs clients aisés.

Les actifs totaux gérés par les hedge funds peuvent encore sembler faibles en comparaison des 20 000 milliards de dollars d'actifs gérés par le secteur des *mutual funds*. Mais la croissance à deux chiffres des actifs gérés par les hedge funds et leur popularité croissante ont entraîné un changement d'attitude des autorités réglementaires, qui surveillent désormais régulièrement le monde complexe de la gestion alternative. Toutefois la volatilité accrue des marchés, les changements structurels rapides des entreprises et les valorisations extrêmes (à la hausse comme à la baisse) continuent d'offrir des opportunités inégalées à des gestionnaires de portefeuilles doués pour exploiter les anomalies des marchés. Il est donc évident que le nombre de hedge funds devrait continuer à croître et que leurs stratégies devraient devenir de plus en plus populaires au fil du temps.

À l'automne 1998, pendant une brève période, les hedge funds font les titres des principaux quotidiens mondiaux. Des investisseurs subissent de lourdes pertes suite à l'effondrement de l'économie russe en août 1998, et la Réserve fédérale juge alors nécessaire d'organiser le sauvetage d'un hedge fund baptisé « Long-Term Capital Management ». À l'automne 2006, suite aux difficultés liées au retournement des cours du gaz naturel d'un fonds spéculatif baptisé « Amaranth », les journalistes utilisent à nouveau l'épouvantail hedge fund pour attirer l'attention de leurs lecteurs.

Si la Réserve fédérale s'est sentie obligée d'intervenir en 1998, alors qu'il ne s'agissait que des mésaventures d'un seul hedge fund disposant de « seulement » 4,8 milliards de dollars d'actifs financiers, c'est, nous dit-on, qu'elle estimait que ces difficultés risquaient de pousser les États-Unis ou même l'économie mondiale au bord du gouffre de l'effondrement financier.

On peut donc légitimement se demander ce qui se produirait aujourd'hui si plusieurs hedge funds, désormais capables de gérer des montants d'actifs beaucoup plus considérables, éprouvaient des pertes semblables, en importance relative, à celles subies par LTCM en septembre 1998 ou par Amaranth en septembre 2006.

L'objectif de cet ouvrage est de démythifier les hedge funds, de montrer les aspects extraordinairement positifs de ces créations financières relativement récentes, d'analyser les éventuelles implications de l'effondrement inévitable de certaines de ces structures d'investissement (LTCM en 1998, Amaranth en 2006) et de conclure, en reprenant les termes du président de la Banque centrale européenne : « *Il y a des risques de marché très importants, mais, encore une fois, ils ne sont pas seulement liés aux hedge funds eux-mêmes.* »

Que sont les hedge funds ? Que font-ils ? Comment sont-ils réglementés ? Qu'est-il arrivé à LTCM ? La Réserve fédérale a-t-elle agi prudemment en organisant le sauvetage de LTCM ? Quels sont les problèmes réglementaires que posent les hedge funds aux autorités financières internationales ?

Avant de répondre à ces questions, il convient :

- de replacer l'industrie des hedge funds, qui gère un capital d'environ 2 000 milliards de dollars dans l'ensemble des marchés financiers globaux qui gèrent des actifs financiers (actions, obligations et dépôts bancaires) de l'ordre de 140 000 milliards de dollars ;

– de souligner, comme le fait J.-C. Trichet, la différence radicale qui existe entre les fonds de retraite (*pension funds*), tels CalPERS, qui sont organisés comme des fonds communs de placement (*mutual funds*), et les fonds spéculatifs (*hedge funds*) ;

– d'expliquer le fonctionnement des marchés dérivés, et en particulier des dérivés de crédit ;

– de comprendre l'architecture financière internationale et le rôle de la Banque des règlements internationaux, du Comité de Bâle et de ses règles prudentielles, de l'Autorité des marchés financiers, de la *Securities Exchange Commission* américaine, de la *Financial Services Authority* britannique, du Comité européen des régulateurs des valeurs mobilières.

Le livre ne nécessite pas de connaissance particulière du sujet, il peut être lu et compris par pratiquement n'importe quel lecteur. L'ouvrage cherche à être simultanément une introduction et un ouvrage de référence sur le sujet.

Il est organisé en neuf chapitres :

• Qu'est-ce qu'un hedge fund ?
• L'évolution des marchés financiers internationaux.
• La déjà longue histoire des hedge funds.
• Les instruments et les techniques des hedge funds.
• La théorie financière contemporaine.
• Les stratégies et les performances des hedge funds.
• La réglementation des hedge funds.
• Le rôle complexe des hedge funds.
• Les hedge funds et le risque systémique.

Chapitre 1

Qu'est-ce qu'un hedge fund ?

Beaucoup de gens ont gardé la mentalité des physiocrates du XVIIIe siècle. Ils considèrent inconsciemment que seule l'industrie est une chose sérieuse et que la finance n'est qu'une activité parasite.

Bernard Oppetit, président de Centaurus Capital.

L'expression hedge fund est appliquée pour la première fois en 1956 à un fonds d'investissement que gère Alfred Winslow Jones depuis 1949[1]. Le fonds d'investissement de Jones n'est pas ouvert au public et il combine de façon originale des positions d'achat et de vente de titres pour « couvrir » (*hedge*) l'exposition de son portefeuille aux évolutions du marché.

Depuis la fin des années 1960, les hedge funds ne se caractérisent plus par une stratégie d'investissement aussi spécifique que celle de Jones et, le plus souvent, ils ne se « couvrent » pas au sens économique du terme. Les hedge funds utilisent en fait des techniques de gestion de plus en plus diversifiées – qu'on regroupe sous le terme de « gestion alternative » – qui leur permettent de spéculer, au sens premier du terme, sur l'évolution future des marchés les plus divers[2].

La stratégie initiale de Jones est baptisée *long/short equity hedge*. Le fonds de Jones se livre également à des « opérations d'arbitrage » en combinant des transactions d'achat et de vente réalisées simultanément pour chercher à profiter d'une disparité de prix entre deux actifs fortement liés. La revue *Banque* donnait en 1963 cette définition : « *Arbitrage comptant contre terme : achat de titres au comptant puis vente à terme ou achat de titres à terme puis vente au comptant quand, pour la même valeur et à la même séance de Bourse, les*

---

1. Voir chapitre 3.
2. *Cf.* Annexes.

cours du comptant sont différents de ceux du terme. » C'est pour cette raison que le terme hedge fund est parfois traduit par « fonds d'arbitrage ».

Les multiples définitions

La définition de l'Autorité des marchés financiers (AMF)

On devrait évidemment commencer toute discussion sur un sujet en s'accordant sur le contenu même de celui-ci. Ce truisme s'applique parfaitement à une discussion des hedge funds parce que la définition des hedge funds est quand même loin d'être claire.

Selon l'Organisation internationale des commissions de valeur (OICV), aucune des vingt grandes places mondiales en matière de gestion d'actifs n'a adopté de définition légale précise et formelle du terme hedge fund.

En plus de son origine anglo-saxonne, le concept que nous allons étudier suscite certains préjugés « dans notre pays particulièrement rétif à intégrer culturellement la nouvelle donne d'un capitalisme financier de plus en plus désintermédié »[1].

On s'accorde cependant aux États-Unis et en Europe pour attribuer aux hedge funds les caractéristiques communes suivantes :

- ce sont des organismes de placement collectif (*collective investment schemes*) qui ne subissent pas les restrictions généralement appliquées aux fonds d'investissement grand public, notamment en matière de diversification et de négociabilité des

---

1. La désintermédiation traduit le passage d'une économie d'endettement à une économie de marchés financiers. Dans ce cas, une part importante des financements obtenus et des placements réalisés par les entreprises se fait directement sur les marchés financiers, sans passer par l'écran d'un intermédiaire financier dont le rôle se réduit d'un emprunteur/prêteur à celui d'un placeur des titres sur le marché financier.
www.banque-france.fr/fr/publications/telechar/rsf/2007/etud4_0407.pdf

actifs financiers. Ils ont donc la possibilité d'acquérir des actifs illiquides et/ou complexes ;

– ils peuvent faire une utilisation illimitée des produits dérivés (*derivatives*)[1] ;

– ils peuvent pratiquer des ventes à découvert ;

– ils utilisent les effets de levier (*leverage*)[2] grâce aux financements qu'ils obtiennent de leurs courtiers (*prime broker dealers*) ;

– ils appliquent des politiques de rémunération des gérants liées à la performance – frais de gestion : 2 % des actifs sous gestion, honoraires : 20 % de l'augmentation de ces actifs –, ce qui constitue une motivation puissante pour prendre des risques de marché importants ;

– ils recherchent des opportunités d'investissement dans toutes les directions, non seulement sur les marchés financiers traditionnels (actions et obligations) et leurs dérivés, mais aussi sur les matières premières (*commodities*), et des opportunités d'investissement plus « ésotériques » : obligations « catastrophiques »[3], œuvres d'art, financement d'œuvres cinématographiques et toutes sortes d'investissements inhabituels ;

– ils choisissent le plus souvent de réduire la liquidité qu'ils offrent à leurs actionnaires : les investisseurs ne peuvent récupérer leur mise qu'à certaines dates précises, les parts étant bloquées pendant des durées minimales (*lock-up period*) spécifiques à chaque fonds.

---

1. Voir chapitre 4.
2. Les fonds utilisent « l'effet de levier », c'est-à-dire, en termes simples, qu'ils font travailler l'argent des autres. Pour un investisseur, l'effet de levier (*leverage*) consiste à faire passer le taux de rendement (qu'il soit positif ou négatif) d'une position qu'il a prise ou d'un investissement qu'il détient au-dessus du taux qu'il obtiendrait par un investissement direct de ses fonds propres sur le marché. On mesure cet effet de levier par le rapport entre les actifs gérés (*assets*) et le capital détenu (*equity*). Voir chapitre 4.
3. Voir chapitre 4.

Les hedge funds et la gestion « traditionnelle »

Callum McCarthy, président de la *Financial Services Authority* (FSA), souligne que les banques, les compagnies d'assurances et les sociétés financières utilisent également les produits dérivés, les ventes à découvert, l'effet de levier ; qu'elles investissent, elles aussi, dans des classes d'actifs inhabituels ; que les politiques de rémunération de certains des fonds qu'elles gèrent ont une structure de commission *2/20* tout à fait semblable à celle des hedge funds indépendants[1]. Il faut donc souligner que les hedge funds constituent une classe d'actifs mal définie. Il faudrait plutôt dire que ce sont certains gérants qui se font appeler « hedge funds », alors qu'ils utilisent des méthodes d'investissement pratiquées par d'autres gérants qui ne se font pas appeler ainsi !

« J'ai du mal, dit McCarthy, à trouver des activités d'un gérant de hedge fund qui ne seraient pas effectuées par le *proprietary trading desk*[2] d'une grande banque, d'une compagnie d'assurances ou d'un courtier. » Tout le monde sait que le hedge fund qui gère le plus d'actifs au monde est JP Morgan, et que toutes les grandes compagnies d'assurances et les banques d'investissement achètent des hedge funds ou prennent des participations dans les hedge funds, comme l'ont fait AIG et Morgan Stanley dès 2004. Mais on souligne moins qu'en dehors de leurs investissements dans les hedge funds de nombreuses banques, compagnies d'assurances et courtiers se livrent à des activités qu'il est impossible de distinguer de celles réalisées par les hedge funds. Il y a ainsi au Royaume-Uni soixante gérants « *mainstream* » qui gèrent simultanément des fonds traditionnels et des hedge funds – c'est-à-dire avec les techniques évoquées ci-dessus – et qui sont en concurrence avec environ trois cents gérants spécialisés de hedge funds. Il y a donc une convergence accrue entre ce qui était considéré comme deux

---

1. 2 % de commission de gestion/20 % de commission de performance.
2. Le *proprietary trading desk* est le département d'une institution financière qui se livre à des opérations de *trading* pour le compte de cette institution et non pas pour ses clients, ce que fait l'*agency trading desk*. Comme le *proprietary trading desk* n'utilise par l'argent du public, il peut se livrer à des opérations qui ne seraient pas autorisées pour l'*agency trading desk*.

activités distinctes : la gestion d'actifs « traditionnelle » d'un côté, et les hedge funds non traditionnels de l'autre. Ce rapprochement donne d'ailleurs à réfléchir à ce que pourrait être une approche réglementaire unique pour les hedge funds[1].

Classement des hedge funds américains en fonction
du montant des actifs sous gestion (en milliards de dollars)

JP Morgan Asset Management	34,0
Goldman Sachs Asset Management	32,5
Bridgewater Associates	30,2
D.E Shaw Group	26,3
Farallon Capital Management	26,2
Renaissance Technologies Corporation	24,0
Och-Ziff Capital Management	21,0
Cerberus Capital Management	19,2
Barclays Global Investors	18,9
ESL Investments	18,0

Source : Absolute Return, mai 2007.

La définition de la *Securities and Exchange Commission*

Hedge fund est le terme général, non légal, qui a été utilisé dès les années 1960 pour décrire un type de fonds d'investissement privé et non enregistré qui employait des techniques sophistiquées de couverture et d'arbitrage pour ses opérations sur les marchés des actions. Les hedge funds ont traditionnellement été réservés à des investisseurs fortunés et avertis. Aujourd'hui, le terme hedge fund fait moins référence aux techniques de couverture (que ces hedge funds peuvent ou non employer) qu'à leur statut juridique de fonds d'investissement privés et non enregistrés.

---

1. Voir chapitre 5.

Les hedge funds ressemblent à des organismes de placement collectif en valeurs mobilières (OPCVM), car ce sont des « véhicules d'investissement » qui acceptent de l'argent de leurs investisseurs et qui l'investissent généralement sur une base collective. Les hedge funds diffèrent toutefois significativement des OPCVM, car ils ne sont pas obligés de se faire enregistrer selon les règles fédérales concernant les valeurs mobilières. Ils ne sont pas soumis à enregistrement parce qu'en général ils n'acceptent que des investisseurs financièrement avertis[1] et qu'ils n'offrent pas publiquement leurs titres. De plus, certains types de hedge funds, mais pas tous, limitent à 100 le nombre de leurs investisseurs.

Par ailleurs, les hedge funds ne sont pas assujettis aux nombreuses réglementations de protection des investisseurs qui s'appliquent aux *mutual funds* – par exemple, les réglementations concernant le degré de liquidité des actifs gérés, les réglementations limitant l'utilisation de l'effet de levier, les réglementations exigeant que les parts des OPCVM soient remboursables à tout moment, celles visant à éviter les conflits d'intérêt, les réglementations visant à assurer la transparence des opérations, et bien d'autres réglementations encore[2]. Cette absence de réglementation permet aux hedge funds d'utiliser l'effet de levier et d'autres techniques d'investissement sophistiquées d'une manière beaucoup plus importante que les OPCVM. Il faut cependant noter que, bien que les hedge funds ne soient pas enregistrés, et qu'ils soient donc dispensés des réglementations qui s'appliquent aux OPCVM, ils sont toutefois soumis aux mesures antifraude des lois fédérales sur les valeurs mobilières.

Les hedge funds américains utilisent généralement les paragraphes 3(c) (1) et 3(c) (7) de *l'Investment Company Act* de 1940 pour éviter l'enregistrement et les réglementations au titre de

---

1. Ces riches investisseurs sont appelés *high net worth individuals* (HNWI) dans le jargon de la gestion alternative.
2. Toutes ces réglementations découlent du *Securities Act* de 1933 qui a comme fonction première d'encadrer les activités de tous les intermédiaires financiers traditionnels faisant appel à l'épargne publique, les Bourses, les banques, les fonds d'investissement, les négociants en valeurs mobilières, les conseillers en investissement.

sociétés d'investissement. Pour ne pas avoir à enregistrer auprès de la SEC les titres qu'ils offrent, les hedge funds s'appuient souvent sur le paragraphe 4(2) et la règle 506 du règlement D du *Securities Act* de 1933[1].

La définition de la *Financial Services Authority*[2]

Une définition sommaire fréquemment utilisée dans les rapports officiels est : « *Tout véhicule d'investissement collectif qui est organisé privativement, qui est administré par des gestionnaires d'investissement professionnels et qui n'est pas largement ouvert au public* ». Le terme peut également se définir en considérant les caractéristiques les plus fréquemment associées aux hedge funds :

– ce sont des *partnerships* privés ou des sociétés *offshore* ;

– ils utilisent une grande variété de stratégies d'investissement en se servant largement des ventes à découvert, de l'effet de levier et des produits dérivés ;

– leurs gérants sont commissionnés à la performance ;

– leur base d'investisseurs est constituée de riches individus et d'institutions.

Les organismes officiels ont également jugé utile de distinguer une autre catégorie, les « institutions à fort effet de levier » (IFL), pour leurs travaux sur les risques systémiques[3] associés aux hedge funds. Les IFL sont définies comme étant des institutions importantes, non réglementées et opaques, qui utilisent comme leur nom l'indique un fort effet de levier sur les marchés financiers. La plupart des institutions figurant dans la catégorie des IFL sont des

---

1. Voir chapitre 5.
2. Financial Services Authority, « Hedge funds and the FSA », Discussion Paper, 16, août 2002. *www.fsa.gov.uk/Pages/Library/Policy/DP/2002/discussion_16.shtml*
3. Le terme « risque systémique » est utilisé pour décrire la possibilité que survienne une série de faillites simultanées d'institutions financières – principalement des banques – en raison d'un événement majeur unique. Voir chapitre 9.

hedge funds, mais ceux-ci, dans leur grande majorité, ne sont pas assez importants et n'utilisent pas assez l'effet de levier pour appartenir à la catégorie des IFL.

Le nombre des hedge funds gérés en Europe continue à augmenter, mais la taille moyenne des nouveaux fonds a tendance à diminuer. Les nouveaux entrants se répartissent en trois groupes :

- les « boutiques » relativement petites, qui gèrent entre 5 millions et 50 millions d'euros et qui sont souvent dirigées par d'anciens responsables de *proprietary desk* de banques d'investissement ;
- les fonds « *in-house* » créés à l'intérieur de banques et de sociétés de titres. Cette stratégie permet à ces institutions de conserver leurs meilleurs gérants, puisque la rémunération accrue ne les incite pas à partir créer leurs propres fonds ;
- les hedge funds indépendants et importants dont le nombre est stable, mais dont les actifs sous gestion augmentent rapidement.

La définition de la Commission européenne

La caractéristique principale des hedge funds est qu'ils sont plus flexibles en termes de choix d'investissement et de stratégie que les organismes de placement collectif traditionnels.

Un rôle utile sur les marchés financiers

L'absence de définition légale pourrait légitimement conduire à une certaine méfiance de la part des autorités politiques. Il faut cependant souligner qu'aucune des recommandations que propose le groupe d'experts ne dépend de l'adoption d'une définition légale des hedge funds. Les hedge funds jouent un rôle particulièrement utile sur les marchés financiers :

- ils permettent de diversifier les portefeuilles. Une étude de la Banque centrale européenne a montré que les coefficients de corrélation entre les indices représentatifs des grandes familles de hedge funds et les indices des grandes Bourses internationales étaient faibles et même parfois négatifs ;

- ils obtiennent des rendements positifs et décorrélés des évolutions des marchés « actions » et « obligations », ce qui réduit l'impact des cycles économiques et la nécessité du *market timing* ;
- ils réalisent des rendements moins volatils que les organismes de placement collectif traditionnels qui investissent sur des valeurs de croissance, des valeurs technologiques et sur des marchés émergents ;
- ils contribuent à l'innovation financière et ils en bénéficient. L'impact des hedge funds sur la gestion traditionnelle peut ainsi être comparé à celui des téléphones mobiles sur la téléphonie fixe ou à celui des compagnies aériennes à bas coût sur les grandes compagnies aériennes nationales.

Idées reçues

Il faut par ailleurs rectifier certaines idées reçues sur les hedge funds :

- les gérants de hedge funds n'ont pas plus tendance à frauder ou à manipuler le marché que les gérants de fonds réglementés. Les rares cas montés en épingle par la presse sont plus à mettre en relation avec les comportements des individus concernés qu'avec les hedge funds ;
- les hedge funds ne sont plus réservés aux « super-riches » puisque les investisseurs institutionnels qui collectent l'épargne publique sans critère de niveau de revenu représentent désormais en Europe plus du tiers des actifs gérés par les hedge funds ;
- les hedge funds ne remettent pas en cause les modèles de gouvernance des entreprises. Ils deviennent simplement des investisseurs plus actifs sur les marchés « actions » et des actionnaires plus actifs dans les entreprises dans lesquelles ils ont investi. On peut en fait soutenir que les hedge funds représentent les adeptes contemporains du modèle actionnarial de la gouvernance d'entreprise[1].

---

1. Voir en annexe les résultats d'une étude de la Wharton School de Pennsylvania University sur « l'activisme » des hedge funds qui, conclut que les hedge funds augmentent la valeur boursière des entreprises qu'ils ciblent.

D'après la Banque centrale européenne, la structure de l'industrie des hedge funds en pourcentage du capital géré serait la suivante :

Gestion organisée à partir de

		Europe	*Offshore*	**Autre**	**États-Unis**	**Total**
Domiciliation du gérant	Europe	6,0	0,2	0,4	0,5	**7,1**
	Offshore	19,2	9,0	3,0	37,3	**68,6**
	Autre	0,0	–	0,4	0,1	**0,5**
	États-Unis	0,5	0,3	0,1	23,0	**23,9**
	Total	25,7	9,5	3,9	60,9	**100**

La Banque du Japon estime de son côté que la répartition en pourcentage des gérants de hedge funds au niveau mondial serait la suivante :

États-Unis	**Royaume-Uni**	**France**	**Japon**
52	19	3	0,4

Australie	**Hong Kong**	**Singapour**	**Bermudes**	**Autre**
1	1	1	6	17

Et que la domiciliation des fonds serait, en pourcentage, la suivante :

États-Unis	**Îles Cayman**	**Îles Vierges**	**Bermudes**[1]
31	33	11	8

Bahamas	**Luxembourg**	**Irlande**	**Autre**
3	3	3	7

(1) C'est à l'hôtel Fairmont Southampton, Bermudes, que se tient régulièrement la conférence MARHedge Global Hedge Fund Summit. Alan Greenspan est le *keynote speaker* de la 14e conférence (octobre 2007).

L'organisation d'un hedge fund

La façon dont sont structurés les hedge funds illustre bien les innovations qu'apportent ces véhicules d'investissement au secteur de la finance. Dans la gestion traditionnelle, à l'exception de l'audit externe et du dépositaire (*custodian*) des actifs, toutes les compétences nécessaires à la gestion d'un fonds d'investissement sont intégrées au sein d'une même structure. Les gérants, les analystes, les juristes, les fiscalistes et les commerciaux sont tous des employés du même fonds de placement, qui compte parfois plusieurs centaines d'employés.

Les hedge funds délèguent au contraire une large partie de leurs activités de back-office à des partenaires extérieurs qui sont choisis pour leur expertise. Les administrateurs, les courtiers principaux (*prime brokers*), les dépositaires, les juristes, etc., qui fournissent leurs services aux hedge funds, permettent ainsi à leurs gérants de se concentrer sur leur avantage comparatif : la gestion alternative.

Les statuts juridiques

Les premiers fonds américains, à l'instar de celui d'Alfred Winslow Jones, ont d'abord adopté pour des raisons d'efficacité la forme du partenariat général[1], une forme très simple, sans formalité juridique, où chaque partenaire est responsable de la gestion, du patrimoine et des obligations du partenariat.

Lors de la vague de création de hedge funds des années 1960, la solution retenue a été celle du partenariat limité. Cette forme convient bien aux hedge funds puisque les investisseurs (partenaires limités) n'engagent pas leur responsabilité en dehors d'une somme convenue, qu'ils peuvent être relativement nombreux et ne participent pas à la gestion du fonds.

---

1. Le *general partnership* est une forme de société américaine dans laquelle chacun des associés est sans limites responsable des engagements et des dettes du partenariat.

Pour des raisons fiscales, depuis les années 1980, un nombre croissant de fonds américains sont organisés sous forme de sociétés à responsabilité limitée (*limited liability corporation*/LLC).

La plupart des fonds créés en dehors des États-Unis adoptent également la forme de la société à responsabilité limitée lorsque la réglementation locale le permet[1].

Comptes gérés

Certains gérants de hedge funds offrent à leurs clients importants la possibilité d'ouvrir des comptes gérés qui, comme leur nom l'indique, sont des comptes de titres ouverts au nom du client dans un établissement financier et gérés par le hedge fund. Le compte géré « réplique » la performance du hedge fund, mais le client a la possibilité d'observer ce qui se passe sur son compte et, au besoin, de fixer des restrictions en matière de stratégie utilisée (effet de levier, risque de crédit, exposition au risque de marché, etc.).

Le leader mondial en matière de comptes gérés est Lyxor Asset Management, qui a été créé en 1999 par la Société Générale, et qui dispose de 70 milliards d'euros d'actifs sous gestion, répartis en 1 545 fonds.

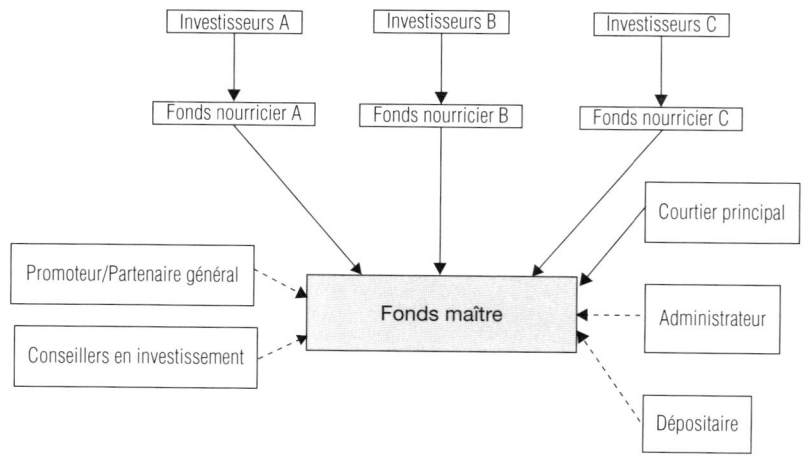

Graphique 1 – La structure d'un « hedge fund »

---

1. Voir chapitre 7.

Fonds maître et fonds nourricier

Les fonds nourriciers (*feeder funds*) investissent la totalité de leurs actifs dans un autre fonds (*master fund*). Les fonds nourriciers sont juridiquement indépendants, mais leur gestion est totalement passive. Cette structure permet de créer autant de fonds nourriciers qu'il y a de catégories d'investisseurs, tout en gérant un seul portefeuille. Elle permet aussi de créer des fonds nourriciers dans d'autres domiciliations si nécessaire.

Le promoteur et les investisseurs

Le promoteur du hedge fund est la personne physique ou morale qui est à l'origine de sa création et qui en contrôle les destinées, soit comme partenaire général, soit comme actionnaire majoritaire (SARL). Les autres investisseurs sont soit des partenaires limités, soit des actionnaires détenant des actions sans droit de vote. C'est bien entendu le promoteur qui reçoit la rémunération fondée sur la performance (en règle générale, la commission est de 20 % de l'appréciation annuelle du fonds). Les honoraires liés à la performance peuvent toutefois inciter un gérant à prendre des risques excessifs. C'est pourquoi la plupart des hedge funds demandent à leurs gérants d'investir une fraction significative de leur fortune dans le fonds, et ils incluent une clause spéciale définissant un niveau minimal de rendement pour que les honoraires liés à la performance soient versés. Cette clause exige de plus la compensation des pertes antérieures par rapport à ce minimum.

Pour permettre aux gérants de se concentrer sur les investissements et la performance plutôt que d'être obligés de gérer des flux de capitaux entrants (souscriptions) et sortants (remboursements) comme dans les fonds traditionnels, le hedge fund peut imposer des durées minimales d'investissement, variant en général de un à trois ans, et des périodes de préavis en cas de sortie, de un à trois mois. Ces restrictions à la liquidité permettent aux gérants de disposer de la flexibilité nécessaire pour investir à long terme dans des actifs qui sont relativement peu liquides.

Comme il est relativement peu réglementé, le hedge fund n'est pas obligé de fournir des informations sur ses positions et sur la taille des actifs sous gestion. Cette caractéristique a largement contribué au mystère entourant les hedge funds et à l'attrait qu'ils exercent sur les investisseurs individuels. L'intérêt que portent les investisseurs institutionnels aux hedge funds depuis la fin des années 1990 se traduit progressivement par une plus grande transparence des hedge funds, non pas tant sur le détail de leurs portefeuilles que sur les risques réellement encourus.

La société de gestion, les conseillers en investissement

Le gérant est la société qui appartient au promoteur et qui est chargée de l'ensemble des décisions opérationnelles liées à l'activité du fonds. Cette société emploie le personnel nécessaire à la gestion et elle reçoit une commission de gestion sous forme d'un pourcentage fixe – autour de 2 % – des actifs sous gestion[1].

Les conseillers en investissement peuvent apporter une expertise externe au gérant du fonds dans le cas d'investissements très spécialisés, mais ils sont souvent utilisés pour contourner la réglementation que certains pays imposent à la domiciliation du gérant du fonds. Le gérant est alors domicilié là où la loi l'exige (en Allemagne ou en Suisse, par exemple), mais les conseillers sont domiciliés à Londres et le gérant exécute, dans ce cas, leurs recommandations.

L'administrateur, le dépositaire, les courtiers

L'administrateur du hedge fund est chargé de calculer la valeur du portefeuille du fonds pour la communiquer aux investisseurs à des dates précises prévues à l'avance. Cette tâche est beaucoup plus complexe dans un hedge fund que dans un OPCVM traditionnel. Dans le fonds d'investissement Mainstream, tous les titres sont cotés et liquides et il suffit donc de prendre les cours de clôture à

---

1. On parle généralement de la règle des 2/20 : 2 % de commission de gestion et 20 % de commission de performance.

une date donnée pour avoir une photographie exacte (valeur nette d'inventaire) du portefeuille. Dans le cas d'un hedge fund, les titres détenus sont peu liquides ou même non cotés, les transactions avec les courtiers sont multiples et complexes, et la valorisation des actifs est donc beaucoup plus ardue..

En pratique

Le dernier rapport de l'OICV souligne que « les principes de valorisation ont pour but de garantir, en particulier, que les valeurs des instruments financiers des hedge funds ne soient pas faussées au détriment des investisseurs » (*cf.* Annexes).

Le dépositaire du hedge fund a un rôle essentiel qui est de connaître en permanence le nombre de titres en circulation et comment ces titres sont répartis entre les divers intermédiaires financiers. Tous les achats-ventes de titres se dénouent donc (réglement-livraison) chez un dépositaire central. Le dépositaire réalise pour ses clients tout ce qui ne fait pas directement référence à la décision d'investissement : la conservation des actifs du fonds, le contrôle de la régularité des décisions du fonds par rapport aux règles d'investissement qu'il a définies, le contrôle de l'application des règles de valorisation des actifs, etc.[1]

Pour passer leurs ordres, les hedge funds, comme tout investisseur, passent par un courtier[2], mais les courtiers principaux (*prime brokers*) auxquels ils s'adressent ont un rôle qui est beaucoup plus large que la simple exécution des ordres. Les *prime brokers* fournissent toute une série de services financiers aux hedge funds :

— ils assurent la compensation et la conservation des titres, jouant ainsi le rôle de dépositaire ;

---

1. On comprend l'importance que les autorités réglementaires attachent à l'amélioration de cette infrastructure. Voir chapitre 5.
2. En fait, les hedge funds recourent le plus souvent aux services de plusieurs brokers, ce qui leur permet de ne pas dévoiler la situation de leurs portefeuilles.

- ils permettent aux fonds d'accéder à l'effet de levier, par des lignes de crédits, des achats sur marge et des mises en pension ;
- ils permettent aux hedge funds de pratiquer des ventes à découvert en leur prêtant les titres, ou en servant d'intermédiaires auprès de prêteurs potentiels (investisseurs institutionnels par exemple).

Le travail de courtier principal est exercé par les grandes banques internationales, et surtout par les banques américaines comme Morgan Stanley, Goldman Sachs, Merrill Lynch et Bear Stearns. Comme on l'imagine, les hedge funds sont des investisseurs « frénétiques » qui passent des multitudes d'ordres, et les commissions qu'ils engendrent sont significatives, supérieures en général à 3 % des actifs qu'ils gèrent. Les hedge funds sont donc de très bons clients des banques.

Selon une étude du Crédit Suisse, les fonds d'arbitrage ont représenté en 2006 plus de 12,5 % des revenus des banques d'investissement dans le monde. Grâce aux *prime brokers*, il semble donc relativement facile de créer un hedge fund à New York ou à Londre, car, en plus des services financiers, les courtiers principaux s'occupent du marketing des hedge funds.

Comme on l'a vu, en raison de leur statut, les hedge funds ne peuvent pas directement faire appel à l'épargne du public. Jusqu'aux années 1990, cette interdiction de faire de la publicité freinait sérieusement la capacité d'un hedge fund à trouver des capitaux. Les *prime brokers* permettent de résoudre ce problème en présentant les hedge funds à ceux de leurs clients qui sont des investisseurs potentiels. Ce service, appelé « capital introduction », permet aux nouveaux gérants de rencontrer des investisseurs institutionnels et des individus fortunés lors d'*introduction parties* somptueuses. On comprend aisément que de telles pratiques peuvent entrer en conflit avec les intérêts de clients potentiels.

Que faut-il retenir ?

La fonction économique des hedge funds est exactement la même que celle des fonds communs de placement (OPCVM) : dans les deux cas, les investisseurs confient leur argent aux gérants des fonds en espérant que, le jour où ils le retireront, ils retrouveront leur investissement initial, plus un généreux rendement.

Puisque les hedge funds et les fonds communs de placement remplissent la même fonction économique, on peut se demander pourquoi ces deux types de « véhicules d'investissement » coexistent.

La réponse est simple : les hedge funds existent parce que les fonds communs de placement ne se livrent pas à des stratégies d'investissement complexes. Cette différence est d'abord due à la réglementation qui pèse sur les fonds communs de placement ouverts à tous les investisseurs, une réglementation qui, pour l'instant, s'applique beaucoup moins aux hedge funds réservés à des « investisseurs avertis ». En proposant des stratégies qui sont simples à comprendre, les fonds communs de placement peuvent également collecter une épargne populaire beaucoup plus importante, mais là aussi les choses évoluent.

Il y a donc une convergence accrue entre les hedge funds et la gestion traditionnelle, et il faut de plus en plus recourir à des méthodes indirectes pour les distinguer : si un fonds d'investissement pratique une stratégie d'investissement active, flexible et décorrélée, comme pourrait le faire un hedge fund, s'il rémunère ses gérants à la performance, comme pourrait le faire un hedge fund, s'il compte parmi ses clients des « investisseurs avertis », comme pourrait le faire un hedge fund, et s'il présente une transparence limitée, comme pourrait le faire un hedge fund, c'est qu'il s'agit d'un hedge fund.

Chapitre 2

L'évolution des marchés financiers internationaux depuis les années 1980

L es marchés de capitaux internationaux ont largement retrouvé la mobilité dont ils jouissaient avant la Première Guerre mondiale (*cf.* graphique 1) et ils jouissent désormais d'une croissance dynamique sans précédent[1].

Les institutions financières internationales font circuler de façon routinière des milliers de milliards (billions) de dollars d'actifs – actions (*equity*), obligations (*debt*) et autres instruments – autour du globe. Les flux de capitaux transfrontières et les actifs sous gestion (*assets under management*) à l'étranger continuent à croître rapidement, en liant progressivement les marchés financiers nationaux, pour en faire un marché mondial de plus en plus intégré.

Après être restés relativement stables de 1980 à 1995, les flux transnationaux d'actifs ont triplé pour atteindre près de 7 000 milliards de dollars (7 billions), soit environ 15 % du PIB mondial (*cf.* graphique 2). Cette évolution a plusieurs origines :

- la diversification de l'investissement international ;
- l'intégration croissante des marchés de capitaux mondiaux sous l'effet de la libéralisation et des progrès technologiques ;
- la conjoncture économique actuelle, qui offre de nombreuses possibilités de croissance partout dans le monde.

---

1. Voir G.-M. Henry, *Les crises du XXᵉ siècle*, Éditions Belin, 2003.

À ces facteurs convergents s'ajoutent l'augmentation des actifs sous gestion, plus rapide que celle des avoirs intérieurs (ce qu'on appelle la financiarisation[1] de l'économie), et la faiblesse des primes de risque[2] sur les actifs, qui encourage les investisseurs en quête de meilleurs rendements à s'accommoder d'investissements de moindre qualité. Cette évolution s'accompagne également d'un recours accru à l'endettement et d'une plus faible aversion pour le risque.

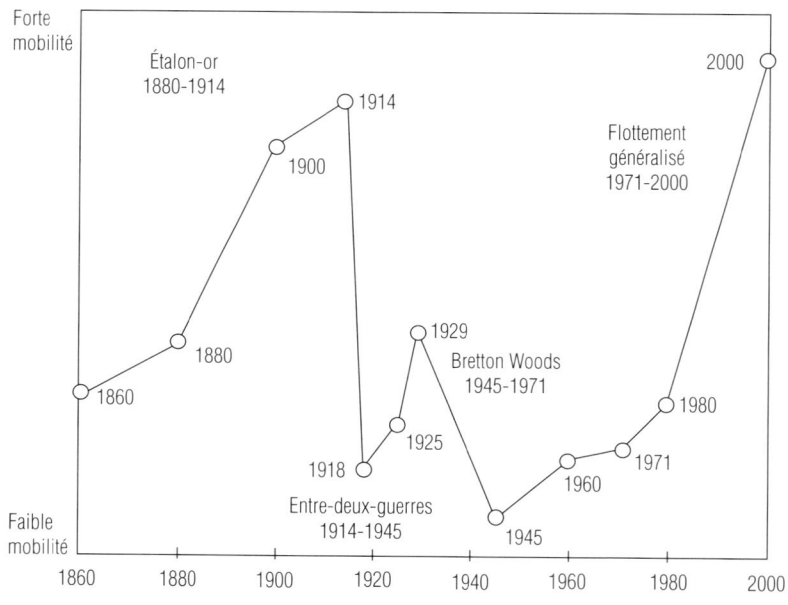

Graphique 1 – L'évolution de la mobilité des capitaux de 1860 à nos jours

---

1. La financiarisation d'une économie se mesure par le rapport entre le stock financier (actions, obligations, dépôts bancaires) et la taille de l'économie sous-jacente mesurée par le PIB.
2. La prime de risque d'un marché financier mesure l'écart de rentabilité attendue entre le marché dans sa totalité et un actif sans risque (une obligation du Trésor américain). Dans les pays de l'OCDE, cette prime de risque oscille généralement entre 3 et 6 %.

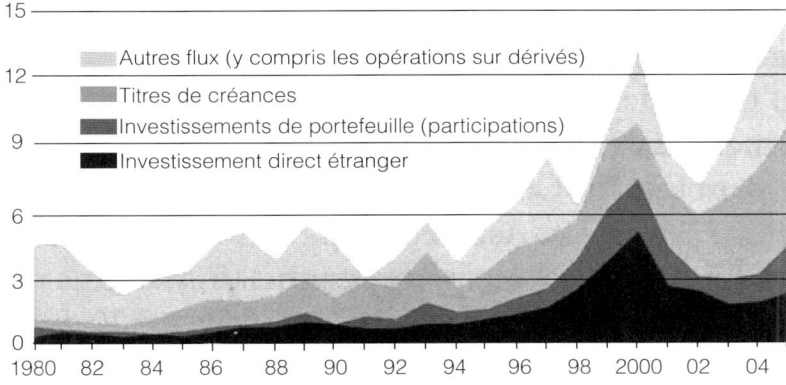

Source : « Global Financial Stability Report », FMI, avril 2007.

Graphique 2 – Les flux internationaux de capitaux depuis 1980
en pourcentage du PIB mondial

Les entreprises qui recherchent des financements, les institutions financières qui visent à augmenter leur influence sur le marché international des capitaux, et les organes réglementaires, qui sont les garants de la stabilité financière, sont bien évidemment concernés par ces évolutions.

La taille des marchés de capitaux internationaux

La valeur totale des actifs financiers mondiaux (dépôts bancaires, obligations d'État, obligations d'entreprises et actions) a dépassé 150 000 milliards de dollars[1] en 2007, contre 53 000 en 1993 et 12 000 en 1980 (*cf.* graphique 3). Ces 150 000 milliards de dollars représentent le montant total de capital que les banques et les marchés de capitaux mondiaux mettent à la disposition des ménages, des entreprises et des gouvernements. Une simple extrapolation indique que la valeur des actifs financiers mondiaux devrait atteindre 214 000 milliards de dollars en 2010. Cette croissance s'est accompagnée d'une réduction importante du rôle des banques, et

1. Estimation de l'auteur.

corrélativement, d'une augmentation significative des institutions de marché comme intermédiaires financiers[1]. Ce changement se constate dans la diminution des dépôts bancaires dans le stock financier mondial – de 45 % en 1980 à moins de 30 % en 2007 – et dans l'augmentation correspondante de la place des actions et des obligations. La liquidité des marchés de capitaux mondiaux s'en trouve d'autant accrue.

Source : « Global Financial Stability Report », FMI, avril 2007.

Graphique 3 – L'essor sans précédent de la valeur totale
des actifs financiers mondiaux en milliers de milliards de dollars

Les marchés de capitaux selon les régions du monde

L'expression « marchés de capitaux mondiaux » est trompeuse, puisqu'en réalité quatre régions représentent plus de 80 % du stock financier mondial : les États-Unis, la zone euro, le Japon et le Royaume-Uni (*cf.* graphique 4). En 2007, les États-Unis représentent toujours le premier marché des capitaux avec 54 000 milliards de dollars d'actifs financiers, suivis par la zone euro avec 33 000 milliards de dollars, le Japon 20 000 milliards de dollars et le Royaume-Uni 9 000 milliards de dollars.

---

1. C'est ce qu'on appelle la « désintermédiation financière ».

En dehors de sa taille (environ 37 % du stock financier mondial), le marché américain se distingue également par l'importance qu'y tiennent les obligations d'entreprises (*private debt*) et les actions : environ 70 % du total des actifs.

La zone euro est le deuxième marché financier mondial, avec une place croissante pour les actions et les obligations d'entreprises, alors que traditionnellement, les banques jouaient un rôle plus important dans le système financier européen.

La taille du marché du Royaume-Uni est plus modeste, mais la City représente un intermédiaire important pour les flux de capitaux transfrontières et pour les banques internationales.

Les marchés asiatiques sont encore relativement isolés les uns des autres et ils diffèrent sur des points importants. Le Japon possède le stock financier le plus important de la région, mais ce stock est relativement stagnant car il n'est soutenu que par l'expansion de la dette publique. Le marché financier chinois – de l'ordre de 6 000 milliards de dollars d'actifs financiers – fait partie au contraire des marchés les plus dynamiques au monde, mais les banques y jouent encore un rôle disproportionné : plus de 60 % des actifs. Le système financier indien, avec 1 400 milliards de dollars d'actifs financiers, est significativement plus petit que celui de la Chine, mais il est plus équilibré, car les banques font face à un marché des actions relativement important.

Les trois centres financiers mondiaux

Plus de 80 % des flux financiers mondiaux concernent trois régions : la zone euro, le Royaume-Uni et les États-Unis (*cf.* graphique 4).

Les États-Unis jouent le rôle d'intermédiaire financier international, recevant essentiellement des flux de dette (achats d'obligations américaines par des non-résidents) et envoyant des flux d'actions et d'investissements directs à l'étranger (achats d'actions et d'actifs étrangers par des Américains).

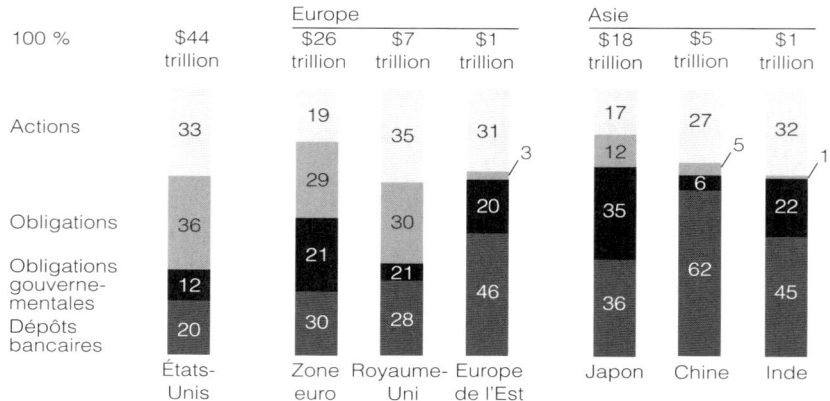

Source : McKinsey Global Institute, « Mapping the global capital markets »,
janvier 2007.

Graphique 4 – La répartition du stock financier mondial (États-Unis,
Europe et Asie) en milliers de milliards de dollars (*trillions*)

Les entrées annuelles de capitaux aux États-Unis sont en moyenne
de l'ordre de 1 000 milliards de dollars (1 150 milliards en 2006),
et les sorties de capitaux de 500 milliards de dollars (277 milliards
de dollars en 2006). Les flux de capitaux entre la zone euro et le
reste du monde sont du même ordre, mais les sorties de capitaux
sont légèrement supérieures aux entrées, tandis que les flux de
capitaux transfrontières à l'intérieur de la zone euro sont de
l'ordre de 1 700 milliards de dollars.

En dépit de son marché financier intérieur relativement petit, le
Royaume-Uni est un intermédiaire financier important au niveau
mondial : les entrées et sorties annuelles de capitaux sont de
l'ordre de 1 500 milliards de dollars.

À l'opposé, le marché financier japonais reste particulièrement
isolé en dépit de sa taille relative, et les flux de capitaux internationaux à destination ou en provenance du Japon sont
inférieurs à ceux de la Chine, dont le marché financier est quatre
fois plus petit.

La financiarisation croissante de l'économie mondiale

Une mesure significative du développement des marchés financiers est représentée par la financiarisation, c'est-à-dire la valeur des actifs financiers exprimée en pourcentage du PIB. La « profondeur financière » d'un pays peut représenter plusieurs fois le PIB de ce pays, car les actifs financiers représentent une anticipation de la valeur future, alors que le PIB reflète l'activité économique actuelle.

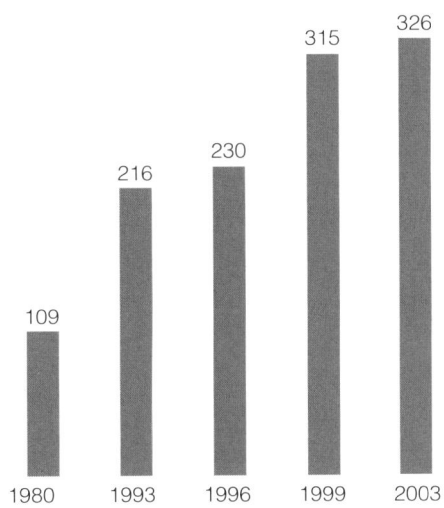

*Source : McKinsey Global Institute, « Mapping the global capital markets »,
janvier 2007.*

Graphique 5 – Le stock de capital mondial rapporté au PIB mondial en %

En 1980, le stock financier mondial équivalait approximativement au PIB mondial. En 1993, il était deux fois plus important et, en 2003, il était nettement supérieur à trois fois (326 %) le PIB mondial (*cf.* graphique 5). La financiarisation de l'économie est généralement bénéfique, parce que les marchés financiers :

– sont plus liquides ;

– déterminent plus efficacement les prix des actifs ;

– permettent de mieux répartir les risques.

La financiarisation donne aux ménages et aux entreprises plus d'opportunités pour investir leur épargne et lever des capitaux ; elle favorise une meilleure allocation du capital et du risque. Mais la financiarisation croissante peut également provenir de « bulles » des prix des actifs[1] ou d'augmentations dangereuses de la dette publique. À la fin des années 1990, la financiarisation a augmenté en raison des valorisations boursières très élevées (P/E[2]). Mais si on exclut la période de bulle boursière qui va de 1998 à 2000, on constate néanmoins une « profondeur financière » qui ne cesse d'augmenter et qui s'appuie, dans le cas de la progression des actions, davantage sur des bénéfices accrus des entreprises que sur une augmentation des valorisations de celles-ci.

Le rôle croissant de l'endettement

Depuis 1995, on a assisté à une croissance rapide des niveaux d'endettement mondiaux. Les obligations émises par les entreprises représentent la composante la plus importante, et à la croissance la plus rapide (10 % par an en moyenne), du stock financier mondial. Si on y ajoute les obligations émises par les États (*government-debt securities*), les obligations représentent plus de la moitié de la croissance des actifs financiers de 1995 à 2005. Les émissions internationales d'obligations d'entreprises croissent à un rythme encore supérieur (22 % par an en moyenne), car les entreprises recherchent de plus en plus des fonds au-delà de leurs frontières nationales, ce qui montre bien la mondialisation croissante du capital.

---

1. C'est le phénomène qu'a connu le Japon de 1986 à 1991 et qui s'est traduit ensuite par une diminution d'environ 20 billions de la valeur de la Bourse de Tokyo et du marché immobilier japonais.
2. Le *price-earnings ratio* (*P/E* pour les Anglo-Saxons) est le rapport entre le prix actuel de l'action d'une entreprise et les bénéfices de cette entreprise. Dans les journaux financiers, on utilise souvent le terme de « multiple », puisque le PER montre combien les investisseurs sont prêts à payer pour chaque dollar de bénéfices. Des « multiples » plus élevés indiquent que les investisseurs font des anticipations plus élevées sur la croissance future, ce qui fait monter le prix de l'action.

Les États-Unis au cœur du système financier mondial

Les rôles que jouent les grands pays et les régions sur les marchés de capitaux mondiaux évoluent. Les États-Unis jouissent d'une position unique, non seulement comme premier marché financier, mais également comme premier centre de collecte et de diffusion des capitaux. Avec la création de l'euro, les marchés financiers européens s'intègrent progressivement et leur place s'affirme, tandis que les marchés japonais perdent de leur importance, et que le poids des marchés chinois augmente rapidement. Les marchés financiers du reste du monde sont négligeables au niveau mondial ; les marchés financiers latino-américains sont particulièrement sous-développés par rapport à ceux de pays comparables, à revenu intermédiaire, d'autres régions du monde.

Comme on l'a vu, les marchés développés continuent de fournir les flux bruts de capitaux, au premier rang desquels les flux transnationaux européens, suivis de ceux qui proviennent des États-Unis. La place des pays développés d'Asie décline, puisque l'apport du Japon est en diminution depuis dix ans. Les flux en provenance d'Asie[1] ont par contre sensiblement augmenté depuis 2000.

La montée en puissance des hedge funds

L'essor rapide des mouvements internationaux de capitaux s'est accompagné d'une évolution des rôles respectifs des différents investisseurs. Trois évolutions essentielles se sont produites depuis les années 1990 :

- l'augmentation énorme des fonds gérés par les investisseurs institutionnels[2] ;

---

1. Les économies émergentes, comme les Philippines et la Thaïlande, et les nouvelles économies industrielles, comme la RAS de Hong Kong, la Corée, Singapour et la province chinoise de Taïwan, sont de fortes exportatrices de capitaux.
2. Les investisseurs institutionnels sont des organismes collecteurs de l'épargne qui placent leurs fonds sur les marchés. Il s'agit principalement des fonds communs de placement, des fonds de retraite et des sociétés d'assurances.

– le développement fulgurant des fonds spéculatifs ;

– le rôle accru des Banques centrales et des « fonds de richesse nationale » des marchés émergents.

Les actifs gérés par les investisseurs institutionnels traditionnels des marchés développés (fonds communs de placement, sociétés d'assurances et fonds de retraite) sont passés d'environ 21 000 milliards de dollars en 1995 à plus de 60 000 milliards de dollars en 2007[1] (*cf.* graphique 6). Les États-Unis représentent la moitié environ de ce total et l'Europe plus du quart, avec des différences régionales encore significatives : aux États-Unis, les fonds de retraite détiennent un pourcentage appréciable de ces avoirs, alors qu'en Europe ce n'est le cas qu'en Irlande, aux Pays-Bas et au Royaume-Uni.

Le développement foudroyant des hedge funds représente une autre évolution déterminante des marchés de capitaux. Le nombre des hedge funds a été multiplié par plus de douze depuis 1990 et les actifs sous gestion qui étaient de l'ordre de 30 milliards de dollars en 1990, sont passés à près de 2 000 milliards de dollars en 2007, soit une multiplication par soixante-cinq !

L'afflux massif de capitaux vers les hedge funds depuis 2002 tient pour l'essentiel à l'élargissement de la base d'investisseurs de ces fonds qui est passée des « individus fortunés » (*cf.* graphique 8) aux investisseurs institutionnels (sociétés financières, fonds de retraite, *endowments* universitaires). Les hedge funds sont pour la plupart gérés des États-Unis[2], le Royaume-Uni représentant la principale exception européenne.

---

1. Estimation de l'auteur. Les fonds français ont dépassé 1 billion d'euros en mai 2007.
2. Les hedge funds peuvent, bien entendu, être domiciliés dans un autre endroit de la planète que celui où se trouvent leurs gérants. Les fonds *offshore* sont ainsi localisés aux îles Cayman, aux îles Vierges britanniques, au Luxembourg ou aux Bermudes.

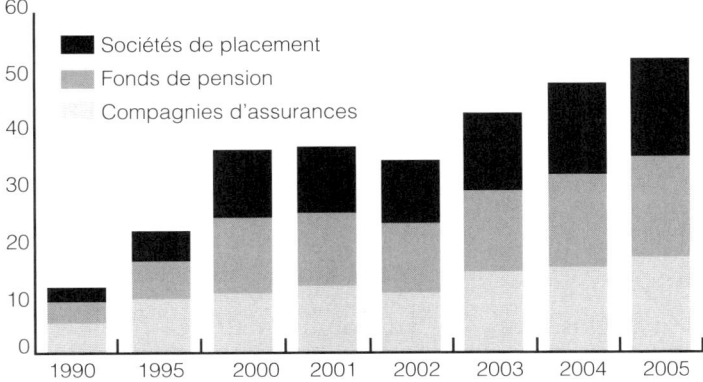

Source : « Global Financial Stability Report », FMI, avril 2007.

Graphique 6 – Les actifs gérés par les investisseurs institutionnels
en milliers de milliards de dollars depuis 1990

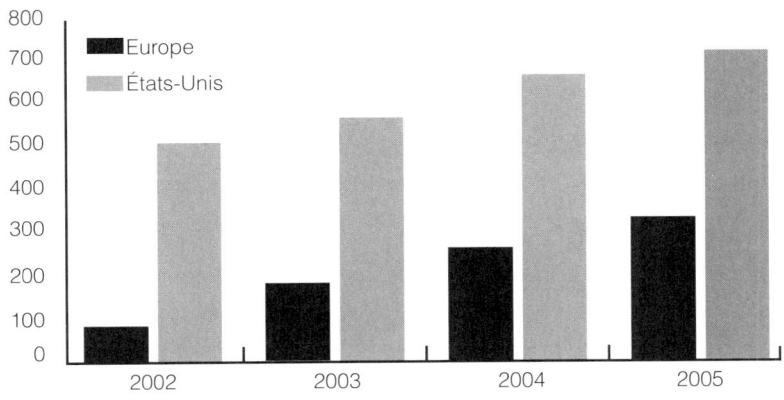

Source : « Global Financial Stability Report », FMI, avril 2007.

Graphique 7 – Les actifs gérés par les « hedge funds » en milliards de dollars

Sur les marchés émergents, les Banques centrales et les « fonds de richesse nationale » sont devenus des acteurs incontournables des flux transnationaux de capitaux et les marchés financiers américains constituent leur principal terrain d'action. Le volume des titres du Trésor américain détenus par des étrangers a plus que triplé depuis 1995, du fait surtout de l'acquisition par des institutions publiques étrangères de titres à long terme du Trésor et d'organismes publics américains. Plus de la moitié des titres américains à long terme, détenus par des non-résidents, sont aux mains d'institutions publiques étrangères et, avec une progression de 50 % depuis 2002, c'est la République populaire de Chine qui a le plus augmenté son portefeuille, ce qui suscite certaines inquiétudes chez les parlementaires américains. Pour certains observateurs, la montée en puissance des « fonds de richesse nationale » serait inquiétante : « *On parle beaucoup des hedge funds, mais les "fonds de richesse nationale" gèrent déjà des actifs doubles de ceux des hedge funds, ils augmentent rapidement et ils sont encore moins transparents.* »[1] Toutefois, selon d'autres analystes, l'idée selon laquelle les *sovereign funds* pourraient devenir des investisseurs à risque ne correspond pas à leurs caractéristiques d'entités gouvernementales discrètes et prudentes.

Nombre de particuliers riches ayant plus d'un million de dollars d'avoirs liquides, en milliers, en 2006

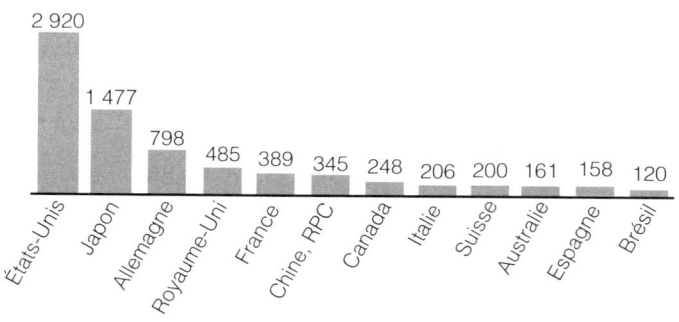

Source : « *Global Financial Stability Report* », FMI, avril 2007.

Graphique 8 – Les « Individus fortunés » (*high net worth individuals*) en 2006

---

1. Commentaire de Terrence Chekki, *Federal Reserve Bank of New York*, lors d'une conférence à Athènes, le 31 mai 2007.

La diversification internationale des portefeuilles

Chez les investisseurs institutionnels des marchés développés, l'augmentation du montant des actifs sous gestion s'est accompagnée d'une baisse de la « préférence nationale »[1] et d'une augmentation correspondante des investissements de portefeuille internationaux. Ce sont surtout les investisseurs institutionnels, comme les fonds communs de placement et les *pension funds*, qui ont multiplié leurs investissements sur des marchés autres que leur marché national. C'est en Europe que la préférence nationale a le plus reculé, avec un triplement depuis 2000 des investissements de portefeuille internationaux, mais ce recul s'accompagne de la progression d'une préférence européenne, les investisseurs européens préférant investir au Royaume-Uni et en Europe continentale.

Le recul de la « préférence nationale » chez les investisseurs institutionnels est essentiellement lié à la volonté de diversification, mais les évolutions réglementaires et comptables favorisent également cette évolution de la répartition des actifs. De plus, les investisseurs institutionnels s'efforcent de plus en plus d'obtenir les meilleurs rendements corrigés des risques, ce qui explique la multiplication des investissements sur les marchés émergents.

Les conséquences pour la stabilité financière mondiale

On a assisté depuis 1982 à la plus longue période haussière des marchés d'actions de l'histoire avec, de mars 2000 à mars 2003, une interruption sévère, salutaire et momentanée de cette progression continue. Le taux annuel de rentabilité des actions mondiales s'était établi à 17,7 % de 1982 à 2000. Il est demeuré à un niveau élevé (15,2 %) et supérieur à la moyenne historique sur la période 1982-2006.

---

1. Il y a « préférence nationale » dans les choix d'investissement lorsque la pondération des portefeuilles privilégie le pays d'origine.

Une base d'investisseurs plus diversifiée au plan mondial, représentant de plus en plus de pays et de plus en plus d'institutions, risque moins de subir des chocs simultanés et symétriques. La croissance mondiale est donc structurellement plus forte et moins volatile depuis le début des années 1990. Les récessions sont moins fréquentes, moins fortes et elles durent moins longtemps.

Origine des actifs financiers sous gestion, par type, 2005

Milliards $	Retraite	Assurance	Fonds communs	Total	% *du total*
États-Unis	12 119	5 465	8 905	26 489	*48,2*
Japon	3 419	2 264	470	6 153	*11,2*
Royaume-Uni	1 607	1 907	547	4 061	*7,4*
France	165	1 527	1 363	3 055	*5,6*
Allemagne	114	1,370	297	1 781	*3,2*
Autres	3 129	4 093	6 189	13 411	*24,4*
Total	20 553	16 626	17 771	54 950	*100*

* Les chiffres indiquent l'origine nationale des actifs gérés pour chaque pays sans tenir compte de l'endroit où sont gérés ces actifs.
** Il n'existe pas de comparaisons internationales fiables sur les actifs totaux sous gestion dans chaque pays.

Source : Estimations IFSL, www.ifsl.org

La plus faible volatilité macroéconomique est également liée à la maîtrise de l'inflation, à la solidité des systèmes bancaires, à la meilleure couverture et à la meilleure mutualisation des risques, notamment grâce au développement des instruments de transfert des risques, notamment les dérivés de crédit.

L'amélioration fondamentale de la solvabilité, l'assouplissement progressif des régimes de change, la transparence des informations émanant des marchés émergents sont autant de facteurs qui ont amené une baisse durable de la volatilité des prix des actifs, obligations, actions et devises. Au début des années 2000, de nombreux risques étaient évoqués, notamment les risques géo-politiques et les déséquilibres financiers américains. L'abondance des liquidités mondiales, la diversification des actifs et les inno-vations financières ont permis de résorber de façon très graduelle les déséquilibres sans qu'il y ait de choc brutal sur les taux d'intérêt à long terme et sur le taux de change de la monnaie internationale. Ce sont les gérants alternatifs et les hedge funds qui ont joué un rôle essentiel dans la liquidité des marchés et dans le processus de « découverte » des prix[1].

En revanche, la faible volatilité et les écarts de taux minimes masquent peut-être de nouvelles faiblesses et de nouveaux risques, engendrés notamment par l'appétit des investisseurs pour des actifs relativement moins liquides, ce qui pourrait mettre en danger la stabilité financière. À cela s'ajoutent les craintes concernant l'endettement accru des intervenants de marché et la possibilité que ces intervenants soient brutalement contraints de dénouer ces positions, entraînant un « empilage » des risques, provoquant l'apparition d'un risque systémique[2]. Les autorités prudentielles mondiales (FMI, BRI[3], G7) essaient de prévenir de tels problèmes, comme en témoignent les travaux des nombreux groupes de réflexion sur les hedge funds.

---

1. On peut dire, en termes simples, que les hedge funds cherchent à profiter des écarts de prix qui existent, à risque identique, sur les différents marchés, et que, ce faisant, ils permettent aux prix de s'établir à un niveau correct.
2. Le terme « risque systémique » est utilisé pour décrire la possibilité que survienne une série de faillites simultanées d'institutions financières – prin-cipalement des banques – en raison d'un événement majeur unique. Voir chapitre 9.
3. La Banque des règlements internationaux est une organisation interna-tionale de Banques centrales dont le but est de « favoriser la coopération entre les Banques centrales et d'autres institutions pour garantir la stabilité monétaire et financière ». La BRI a été créée en 1930 et son siège est à Bâle, en Suisse.

Que faut-il retenir ?

Au cours de la dernière décennie, les marchés financiers, ainsi que la diversification de leurs activités, et l'internationalisation de l'allocation de leurs actifs, ont connu un essor sans précédent.

L'augmentation des actifs gérés par les investisseurs traditionnels s'est accompagnée d'un recul de la préférence nationale et d'un accroissement de l'investissement dans des hedge funds à vocation internationale. Le secteur officiel des pays émergents, en particulier les Banques centrales et les fonds de richesse nationale, est devenu un acteur clé de l'allocation internationale des actifs.

La plus grande diversité des investisseurs devrait contribuer à la stabilité financière. La rapidité de ces évolutions peut toutefois fausser temporairement les cours sur les marchés financiers et créer des « poches » de facteurs de vulnérabilité.

Il convient donc de réorienter la réglementation et le contrôle prudentiels vers les risques internationaux afférents aux instruments des marchés financiers[1].

---

1. Conclusions du rapport sur la stabilité financière dans le monde publié par le FMI en avril 2007.

Chapitre 3

La déjà longue histoire des hedge funds

Hedge funds are here to stay[1] !

John Maynard Keynes, Chest Fund manager, 1927-1945.

Les précurseurs

A. W. Jones & Co[2] est le premier hedge fund officiellement connu de l'histoire financière[3]. Créée en 1949 par Alfred Winslow Jones, la société s'est progressivement transformée en un des premiers « fonds de fonds »[4], une structure qu'elle conserve toujours au moment où ces lignes sont écrites. Au cours de ses 58 années d'existence, A. W. Jones & Co a toujours visé à réaliser des rendements élevés pour ses partenaires tout en minimisant le risque de marché grâce à la stratégie de couverture des investissements en actions. Depuis sa création, A. W. Jones & Co est restée contrôlée par la famille et a conservé la même philosophie d'investissement[5].

---

1. « Les fonds de couverture sont ici pour rester ! »
2. A. W. Jones One Rockefeller Plaza, #302 New York, NY 10020. *www.awjones.com*
3. Voir en annexe l'histoire du *Chest Fund* géré par le remarquable spéculateur Keynes.
4. Un « fonds de fonds » est tout simplement un fonds d'investissement qui investit dans d'autres fonds d'investissement. Cette « gestion indirecte » permet tout simplement de ne pas « mettre ses œufs dans le même panier ». *Global Vision Investments*, un conseiller d'investissement basé aux îles Cayman, a lancé le 1er juin 2007 un fonds baptisé Dynamite F3 avec des fonds propres de 30 millions de dollars. Le hedge fund Dynamite F3 annonce qu'il investit dans une quinzaine de fonds de fonds. Voir en annexe la fiche signalétique de Dynamite F3.
5. Depuis 2003, la société est dirigée par le petit-fils d'Alfred Winslow Jones, Robert S. Burch, IV.

En janvier 1949, Alfred Winslow Jones et quatre amis décident de créer un fonds d'investissement sous la forme d'un *partnership*, ce qui permet d'éviter les contraintes de la loi sur les sociétés d'investissement, et ils réunissent la somme de 100 000 dollars. Winslow, Américain né en 1901 en Australie, est plus un intellectuel qu'un investisseur. Diplômé de Harvard en 1923, il soutient ultérieurement une thèse de sociologie en 1941 à Columbia University. Pendant la Seconde Guerre mondiale, il collabore comme éditeur au magazine *Fortune*. En 1948, il continue à travailler en *freelance* pour *Fortune*, qui lui demande de réaliser une étude sur les méthodes de prévisions boursières qu'utilisent les analystes financiers. C'est au cours de cette étude que Jones commence à formuler les idées qu'il met en œuvre dans le fonds qu'il crée l'année suivante.

L'idée originale de Jones en 1949

Jones est intéressé par les analyses techniques employées par certains prévisionnistes, mais il n'est pas convaincu de leur capacité à prévoir de façon régulière la tendance du marché. Cela le conduit à s'intéresser aux méthodes par lesquelles un fonds d'investissement pourrait continuer à investir complètement son capital tout en ayant une plus faible exposition aux fluctuations du marché. Son idée originale est de penser à combiner deux techniques jusqu'alors utilisées de façons indépendantes : acheter des actions (*long*) et les acheter « à la marge »[1] pour ne pas dépenser trop et vendre à découvert (*short*)[2] d'autres actions. Ces techniques, qui se sont généralisées à Wall Street depuis les années 1920, sont à juste titre considérées comme risquées et fortement spéculatives, mais lorsqu'elles sont combinées, elles peuvent permettre à Jones de sélectionner un portefeuille peu risqué.

Le portefeuille de Jones est peu risqué en ce sens que si la sélection des « bonnes » actions et des « mauvaises » actions (*stock picking*) est efficace, une baisse généralisée du marché ne doit pas

---

1. Il s'agit tout simplement d'acheter les actions à crédit.
2. Voir chapitre 4.

être pénalisante puisque les « mauvaises » actions – celles qui sont vendues à découvert – doivent baisser plus que les « bonnes » actions – celles qu'on achète. La prise de conscience qu'il est possible d'utiliser des techniques spéculatives pour réduire le risque constitue donc l'étape décisive dans la création du « hedged fund » de Jones.

Les innovations de Jones ne s'arrêtent pas là : dans le but d'attirer d'autres investisseurs potentiels, Jones montre qu'il a parfaitement confiance en sa stratégie en investissant dans le fonds toute sa fortune personnelle, et, dans le but d'attirer d'autres gérants talentueux, il fixe la rémunération des *general partners* à 20 % de la performance du fonds. Dès 1954, Jones alloue les actifs du fonds à des gérants de spécialités différentes, de façon à les mettre en concurrence et surtout à diversifier « le risque du gérant ». À l'intérieur d'une seule structure juridique (le partenariat), Jones invente ainsi le premier « fonds de fonds ».

Les performances du hedge fund A. W. Jones & Co

Même après avoir prélevé ses 20 % de commission de performance, Jones réussit à battre le meilleur fonds d'investissement traditionnel Fidelity Trust Fund de plus de 44 % sur cinq années, comme le montre le graphique 1[1].

Il est important de noter que lorsque Jones est amené – dix-sept ans après la création de sa société – à en évoquer les originalités, il parle d'un « fonds couvert » (*hedged fund*) et non d'un fonds qui pratique des opérations de couverture (*hedge fund*). Pour Jones, la stratégie d'investissement de sa société se caractérise par le fait que son capital est à la fois « *leveraged* » et « *hedged* »[2]. La journaliste invente alors le néologisme hedge fund.

---

1. Carol J. Loomis, « The Jones Nobody Keeps Up With », *Fortune*, avril 1966.
2. Voir chapitre 5.

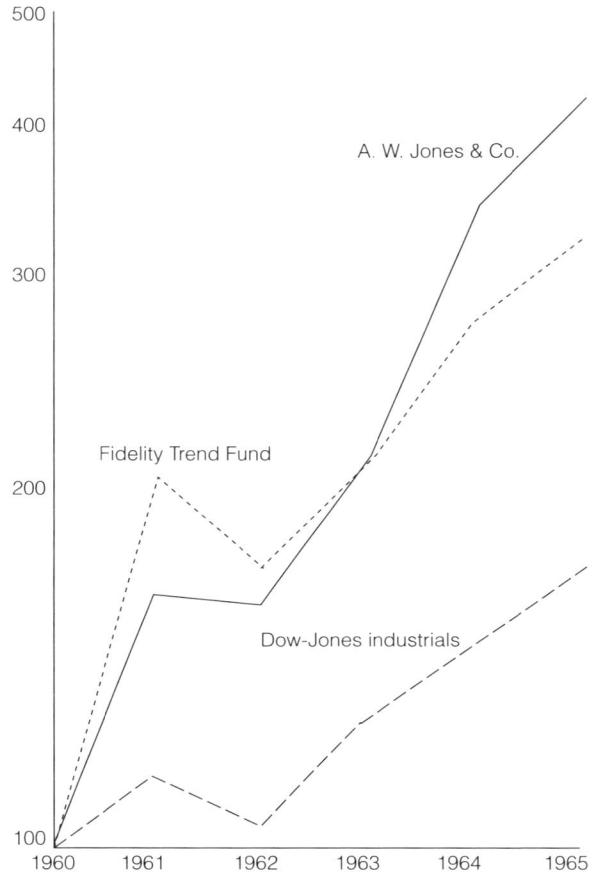

Source : Fortune, « Those fantastic hedge funds », avril 1966, p. 240.

Graphique 1 – Les performances du « hedge fund » de A. W. Jones
comparées à celles du fonds le plus performant de l'époque
(Fidelity Trend Fund) et de l'indice Dow Jones

Comme on le verra dans la suite de l'ouvrage, les hedge funds
contemporains ressemblent sur de nombreux aspects au fonds de
Jones, car ce sont souvent aux États-Unis des sociétés d'investissement organisées sous la forme de *limited partnerships*, donc peu ou
pas réglementées[1] ; leurs gérants sont rémunérés en fonction des

1. Voir chapitre 7.

performances, leur stratégie de gestion est active. Mais il faut également savoir que la plupart des hedge funds de 2007 ne sont pas réellement « couverts », au sens où leur exposition au risque systématique est importante.

La première vague des hedge funds

De la couverture (*hedging*) à l'exposition au risque (*leveraging*)

Jones conserve son anonymat jusqu'à la parution de l'article du magazine *Fortune* qui lève le voile sur les techniques et les performances du fonds : « *Il y a des raisons de penser que le meilleur gérant professionnel de l'argent d'investisseurs est un homme rarement photographié, à la voix douce, qui s'appelle Alfred Winslow Jones* », écrit Carol J. Loomis. L'intérêt suscité par les hedge funds et leurs méthodes « révolutionnaires » d'investissement est énorme. En quelques années, on assiste à la création de plusieurs centaines de *partnerships*. C'est à cette époque que de futurs grands noms de la gestion alternative, comme Warren Buffet et George Soros, créent leurs propres fonds.

Assez naturellement, de nombreux nouveaux gérants sont davantage attirés par les 20 % de commission de performance que le label hedge fund les autorise à prélever que par les principes de réduction du risque de la technique *long/short* de Jones. Comme le marché boursier est résolument haussier, ce qui signifie des pertes sur les ventes à découvert, de nombreux gérants cessent de se couvrir, se contentent d'être *long* sur le marché des actions et d'appliquer un effet de levier. Mais le *rally* haussier s'achève en décembre 1968, avec une correction boursière massive.

La *Securities and Exchange Commission* (le gendarme de Wall Street) avait mentionné au milieu de l'année 1968 l'existence de 215 *partnerships* dont 140 étaient des hedge funds directement inspirés du modèle de Jones. En 1971, on ne compte plus qu'une trentaine de fonds dont les actifs sous gestion ont fondu de plus de 70 %.

Lorsque se crée en 1984 la première agence de collecte d'informations sur les performances des hedge funds Tremont Partners, seuls 68 gérants sont répertoriés.

La quasi-disparition des hedge funds dans les années 1970

Après l'effondrement du début des années 1970, la couverture médiatique accordée aux hedge funds disparaît rapidement. Les quelques dizaines de hedge funds survivants travaillent dans la plus grande discrétion et ils continuent à attirer des capitaux privés provenant d'individus très fortunés, ce qui ne signifie pas toujours qu'il s'agit d'investisseurs exigeants et avertis. Ces clients particuliers se contentent toujours d'un contrat de confiance avec le gérant ; ils savent qu'ils prennent des risques, mais ils ne sont généralement pas en mesure de les quantifier. De leur côté, les investisseurs institutionnels commencent à être intéressés par les avancées de la théorie financière[1], mais ils ne semblent guère attirés par les « investissements alternatifs ».

Rétrospectivement, cette « traversée du désert » des hedge funds correspond à des évolutions importantes dans les instruments et les techniques utilisés. L'arrivée des premiers ordinateurs permet le développement pratique de systèmes de *trading* au sein des banques, puis des hedge funds[2]. La création du *Chicago Board of Options Exchange*[3] et la publication quasi simultanée de l'article de Fisher Black et Myron Scholes sur l'évaluation « opératoire » des options conduisent à une progression vertigineuse du marché des options.

Les gérants des hedge funds expérimentent de leur côté des stratégies (styles de gestion) jusqu'alors pratiquées marginalement :

- les stratégies de type *global macro* qui cherchent à profiter des grands déséquilibres macroéconomiques ;

---

1. Voir chapitre 5.
2. En 2007, n'importe qui peut utiliser des systèmes de *trading* en ligne. Voir par exemple : *www.equitydream.com/*
3. *www.cboe.com*

- les stratégies événementielles (*event driven*) qui cherchent à profiter des situations particulières que peuvent connaître les entreprises au cours de leur cycle de vie (fusion, acquisition, OPA ou OPE, restructuration, mise en règlement judiciaire) ;
- les stratégies d'arbitrage qui cherchent à profiter des disparités de prix qui peuvent exister entre des actifs étroitement interdépendants (par exemple, les actions et les obligations convertibles d'une même entreprise) ;
- les stratégies de *trading* de contrats à terme (*managed futures*) qui cherchent à profiter des tendances haussières ou baissières de courte durée (de quelques secondes à quelques jours) sur les marchés à terme[1].

Le retour en force des hedge funds

L'ouverture réglementaire des marchés et les innovations techniques et financières suscitent la création de nouveaux métiers dans les banques, et ces gérants de type nouveau sont évidemment incités à rejoindre l'industrie « alternative » des hedge funds, dans laquelle il est possible de devenir très rapidement millionnaire en dollars. Ces nouveaux gérants apportent également leurs relations et les banques américaines commencent à investir dans ces sociétés financières dont elles ont apprécié les gérants.

C'est à nouveau la presse spécialisée qui lève le voile sur la soixantaine de hedge funds qui gèrent environ 100 millions de dollars en 1986. Le magazine spécialisé *Institutional Investor* consacre la couverture de son numéro de mai 1986 au « monde chauffé à blanc de Julian Robertson » (*The red hot world of Julian Robertson*).

---

1. Voir chapitre 6.

La journaliste Julie Rohrer révèle que la performance annuelle, nette de commissions, du Tiger Fund de Robertson a été de 43 % depuis sa création en 1980, alors que l'indice Standard & Poor's 500 a fait « seulement » 18,7 % sur la même période.

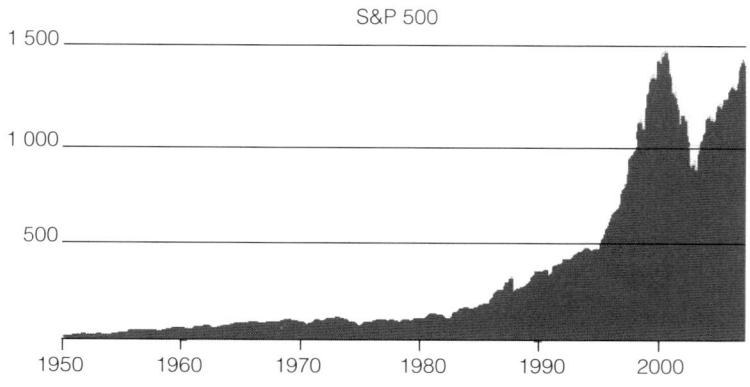

Source : Standard & Poor's, 2007.

Graphique 2 – L'évolution de l'indice S&P 500 des années 1950 à nos jours

Robertson explique que sa stratégie consiste à faire des paris purement directionnels sur des actifs liquides comme les actions, les obligations et les devises. À la différence de Jones, Robertson ne couvre pas ses positions par des ventes à découvert, mais il utilise occasionnellement des achats d'options pour ne pas engager tout son capital et limiter ses risques de perte aux seules primes payées. Malgré les risques inhérents à une telle stratégie, elle s'avère populaire et les nombreux hedge funds qui se créent à la fin des années 1980 oublient une nouvelle fois les principes de Jones.

L'âge d'or des fonds *global macro*

On assiste ainsi en quelques années à une augmentation extraordinaire du nombre des fonds d'investissement non réglementés : d'environ 250 en 1989 à 2 700 en 1996. Ces fonds alternatifs gèrent désormais des encours beaucoup plus importants, environ 8 milliards de dollars en 1989 et 220 milliards de dollars en 1996, car ils sont désormais courtisés par les banques.

Les fonds de type *long/short* basés sur le modèle de Jones sont toujours largement représentés, mais près des deux tiers des gérants de hedge funds des années 1990 définissent leur style comme « global macro », une définition suffisamment large pour expliquer qu'ils recherchent une performance « absolue », indépendante de l'évolution des marchés financiers traditionnels, avec des portefeuilles très directionnels sur les devises, les matières premières, les indices boursiers, les taux d'intérêt, avec beaucoup d'effet de levier et sans véritable recherche de couverture.

À la différence des émules d'Alfred Winslow Jones, certains gérants de ces fonds *global macro* n'hésitent pas à se faire connaître du grand public. Dans le courant de la journée, le *Quantum Fund* vend à découvert 10 milliards de livres sterling. La Banque d'Angleterre annonce un nouveau relèvement de 10 à 12 % de son taux directeur de façon à rendre plus coûteux l'emprunt de livres par les spéculateurs. C'est trop tard. La Banque d'Angleterre a beau racheter des quantités massives de sa propre monnaie, le cours de la livre chute. À dix-neuf heures, le chancelier de l'Échiquier Norman Lamont annonce que la livre quitte le système monétaire européen, où elle était rentrée en octobre 1990. Les gains de Soros, « l'homme qui a vaincu la Banque d'Angleterre », sont estimés à 1,1 milliard de dollars. De son côté, la Banque d'Angleterre annonce qu'elle a perdu l'équivalent de 3,4 millions de livres dans ses opérations d'intervention sur les marchés des changes.

En fait, le pari de George Soros semble rétrospectivement peu risqué. Les monnaies du SME étaient arrimées à des cours pivots que devaient défendre les autorités monétaires de chaque pays appartenant au système. Or, en septembre 1992, il semble bien que le cours pivot de la livre n'est manifestement pas au bon niveau par rapport à des monnaies vertueuses comme le mark ou le florin : la livre est nettement surévaluée et, en toute logique, elle devrait baisser.

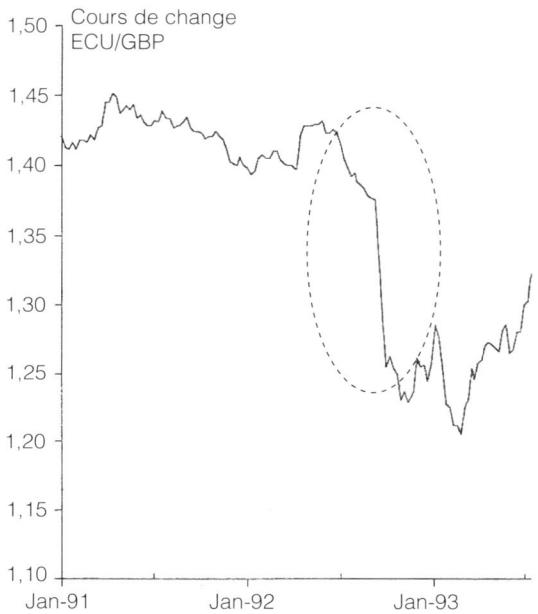

Source : Banque de France, Bulletin trimestriel, 1995.

Graphique 3 – La sortie de la livre sterling du SME en 1992

La vente à découvert de la monnaie britannique est donc une opération logique, qui offre des opportunités importantes de profit si la Banque d'Angleterre cède et qui, en cas d'échec, ne coûte que les intérêts qui ont couru sur l'emprunt de la devise.

Les faillites retentissantes des années 1990

Long-Term Capital Management

Avec cette spéculation réussie, l'engouement pour les fonds *global macro* est irrésistible. De plus, les opportunités d'investissement ne manquent pas avec le développement d'une bulle spéculative dans plusieurs pays d'Asie de l'Est (Thaïlande, république de Corée, Malaisie, Philippines) et les prémices de la convergence monétaire entre plusieurs pays européens dans le but d'aboutir à la réalisation de l'UEM au 1er janvier 1999.

Le 24 février 1994, Long-Term Capital Management est créé à Greenwich, Connecticut, par John Meriwether – ancien vice-président de Salomon Brothers où il dirige le département d'arbitrage sur les produits de taux d'intérêt (*fixed income arbitrage*) – et reçoit les participations de 80 investisseurs qui apportent au minimum 10 millions de dollars chacun, fonds qui sont bloqués (*lock-up period*) jusqu'à la fin de l'année 1997. À l'issue de cette première ouverture à des associés, les fonds propres initiaux de LTCM s'élèvent à 1,3 million de dollars.

Les commissions prélevées par LTCM sont particulièrement lourdes : les frais de gestion s'élèvent à 2 % par an des capitaux investis et les honoraires de performance des gérants représentent 25 % des gains réalisés par le fonds. Aucune information précise sur la gestion des fonds n'est donnée, hormis le fait que LTCM est un fonds d'arbitrage de taux d'intérêt[1]. Néanmoins, comme Meriwether s'est entouré d'une équipe brillante de professionnels et d'universitaires, certaines grandes institutions financières n'hésitent pas à investir jusqu'à 100 millions de dollars pour accéder au statut de partenaire général et elles se concurrencent pour ouvrir généreusement des lignes de crédit à LTCM, le *prime broker* étant la société financière Bear Stearns.

Le succès initial est remarquable, puisque la performance nette de frais atteint près de 20 % en 1994 et plus de 40 % en 1995 et 1996. L'année 1997 est moins flamboyante puisque le fonds qui gère désormais 7 milliards de dollars fait moins bien (17 %) qu'un portefeuille indiciel sur le S&P 500 (32 %). Les partenaires de LTCM décident alors de rembourser 2,7 milliards de dollars aux investisseurs, parce que « les opportunités d'investissement ne sont pas suffisamment importantes, ni suffisamment intéressantes ».

---

1. Un fonds d'arbitrage de taux d'intérêt cherche à tirer parti des disparités de prix qui peuvent survenir entre des obligations fortement interdépendantes. Voir chapitre 6.

Développant les techniques utilisées par Meriwether chez Salomon Brothers, LTCM développe des modèles mathématiques complexes[1] pour tirer parti des différences de taux (*spreads*) qui peuvent exister sur des obligations, des prêts hypothécaires, des contrats à terme, etc.

L'idée de base est qu'au cours du temps les valeurs des obligations à long terme qui ont été émises à des dates différentes, et qui ont la même date de maturité, devraient devenir identiques[2]. Mais la vitesse avec laquelle les prix de ces différentes obligations convergent n'est pas la même : les obligations les plus échangées et les plus liquides – celles qui viennent d'être émises (*on-the-run bonds*) – convergent plus rapidement que celles qui sont moins échangées et moins liquides (*off-the-run bonds*). Il est donc possible par une série de transactions financières – qui, finalement, se résument à acheter à la marge les obligations *off-the-run* qui sont moins chères et vendre à découvert les obligations *on-the-run* plus coûteuses – de réaliser un profit (minime) quand la différence des prix des deux séries d'obligations se réduit. Encore faut-il que ce pari directionnel se réalise, et donc qu'il ne se produise pas d'événement extrême remettant en cause la convergence anticipée.

Au début de l'année 1998, les fonds propres de LTCM s'élèvent à 4,72 milliards de dollars, mais le portefeuille d'actifs inscrit au bilan de la société atteint 129 milliards de dollars, ce qui signifie que LTCM a emprunté plus de 124 milliards de dollars.

Le *spread* de liquidité que gagne LTCM sur ses opérations d'arbitrage est fort mince – en général il n'est supérieur que de 1 % à peine à ce que LTCM paye pour emprunter sur son compte de marge – et c'est uniquement ce levier élevé, de l'ordre de vingt-cinq fois son capital, qui permet au fonds de réaliser un taux de rendement significatif.

---

1. Au sens de puissance de calcul nécessaire pour déterminer les solutions optimales.
2. Autrement dit, les rendements de toutes ces obligations devraient progressivement converger.

Les paris multiples que le fonds prend portent sur l'achat d'obligations peu liquides et donc à haut rendement (comme par exemple des créances hypothécaires danoises, des obligations d'État italiennes, des obligations émises par des pays émergents et des obligations spéculatives d'entreprises), et sur la vente à découvert d'obligations plus liquides – et à plus faible rendement – (comme par exemple des bons du Trésor américains). Les gérants de LTCM pensent que l'écart de rendement (*yield spread*) entre les obligations risquées et les bons du Trésor américain est excessivement important et qu'il devrait se réduire lorsque les investisseurs auront réévalué rationnellement les risques du marché.

L'exemple suivant permet de comprendre le mécanisme utilisé par Long-Term Capital Management : si les gérants de LTCM parient que les taux des obligations spéculatives notées BB vont progressivement se rapprocher des taux des bons du Trésor américains à dix ans – ce qui revient à dire que la prime de risque sur ces obligations (le *spread* de crédit) doit se réduire –, LTCM doit, pour en profiter, réaliser des swaps de taux d'intérêt avec des contreparties bancaires, c'est-à-dire négocier des contrats par lesquels il s'engage à faire des versements périodiques (trimestriels ou semestriels) à ses contreparties si le *spread* de crédit entre les obligations notées BB et les bons du Trésor augmente et, inversement, ses contreparties s'engagent à lui faire des versements si le *spread* de crédit se réduit.

Le montant des versements périodiques à effectuer dans un swap de taux est largement déterminé, comme dans tout contrat dérivé, par la taille « notionnelle » du contrat, c'est-à-dire par la valeur des obligations « sous-jacentes » au contrat. Si les parties prenantes au contrat souhaitent que les versements soient importants, même lorsque les variations de *spreads* sont minimes, elles fixent une valeur notionnelle du contrat élevée, par exemple 100 millions de dollars par contrat. Dans ce cas, les gains et les pertes sur le contrat de swap équivalent approximativement à ce que seraient les gains et les pertes sur une position de 100 millions de dollars prise sur les titres eux-mêmes.

Au début de l'année 1998, la valeur notionnelle des contrats de produits dérivés de LTCM dépasse les 1 000 milliards de dollars : 697 milliards de swaps et 471 milliards de *futures*. À lui tout seul, LTCM représente 5 % du marché mondial des produits dérivés. LTCM est donc en mesure de réaliser des profits substantiels, à condition que les écarts de taux se réduisent, mais, à l'inverse, une toute petite augmentation des *spreads* peut rapidement lui faire perdre tous ses fonds propres.

La crise asiatique et la dévaluation du rouble

Au printemps 1998, l'événement « inimaginable » se produit. La crise financière asiatique est certes terminée mais, pour les intervenants sur les marchés, rien ne garantit que des problèmes similaires ne pourraient pas toucher d'autres marchés émergents.

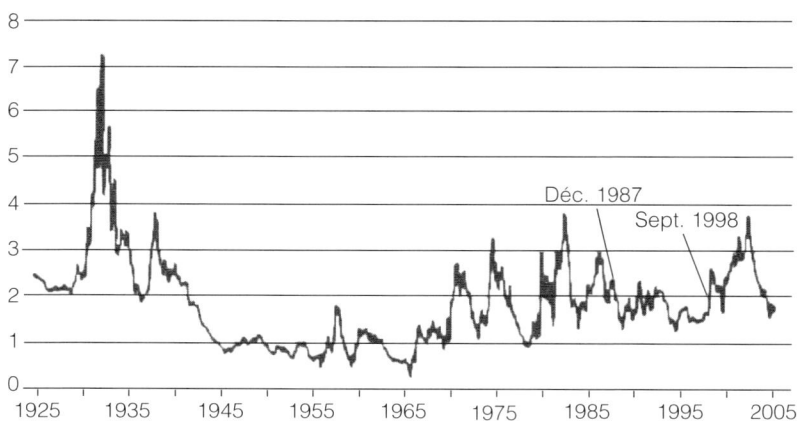

Source : Federal Reserve Bank of Atlanta, Economic Review, *Fourth quarter 2006.*

Graphique 4 – L'évolution du *spread* de crédit entre les obligations notées Baa par Moody's (*Moody's Baa*) et les bons du Trésor à 10 ans (*Ten-Year Treasury Bills*) depuis 1925

Les départements d'arbitrage sur produits de taux d'intérêt des banques et des sociétés de titres commencent à réduire les positions qu'ils ont prises sur des obligations risquées et peu liquides.

Au bout de quelques mois, il n'y a pratiquement plus de marché pour les *junk bonds* dont les rendements augmentent – et les prix baissent – par rapport à ceux des obligations de bonne qualité.

Le coup de grâce intervient le 17 août 1998, lorsque la Russie dévalue le rouble et annonce un moratoire sur l'équivalent de 13,5 milliards de dollars d'obligations d'État. Les contrats de gré à gré sur dérivés prévoient souvent une clause dite de « force majeure » qui permet aux parties prenantes au contrat de le terminer sans le remplir lorsqu'un événement ayant un effet généralisé sur les marchés fait qu'il est impossible de respecter les contrats sans encourir des pertes énormes. Les banques russes et les sociétés de titres se servent de cette clause pour refuser d'honorer les dérivés qu'elles avaient vendus à tous ceux qui désiraient se couvrir contre le risque de change dans leurs positions sur des obligations d'État russes.

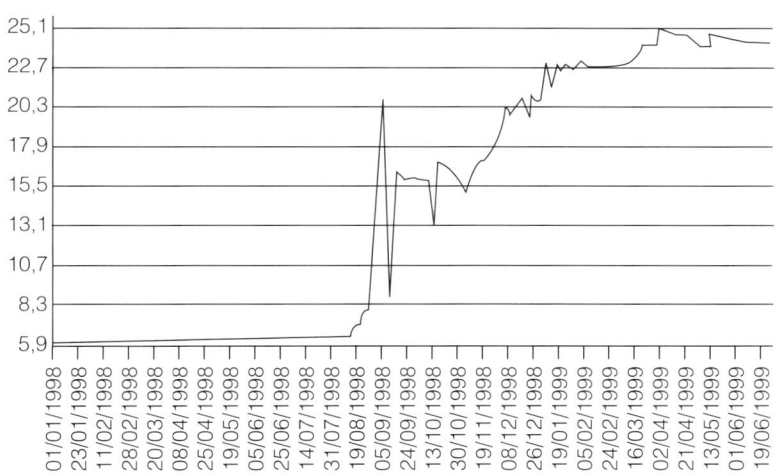

Source : *Federal Reserve Bank of Atlanta,* Economic Review, *Fourth quarter 2006.*

Graphique 5 – L'effondrement du taux de change du rouble
de janvier 1998 à juin 1999 *(il faut donner environ 6 roubles
pour acheter un dollar en janvier 1998 et il faut donner environ 25 roubles
pour acheter un dollar en juin 1999)*

Comme chacun se demande quelles pourront être les répercussions de ces ruptures des marchés, on assiste à une ruée vers la « qualité ». Les investisseurs cherchent tout naturellement à se débarrasser des titres à haut risque et peu liquides, pour les remplacer par des titres peu risqués et liquides. Tous les *spreads* de taux augmentent dans des proportions importantes. Cette augmentation brutale des écarts de rendement, causée par la course à la liquidité et à la qualité, est exactement à l'opposé de ce que LTCM avait parié.

Le 1er septembre 1998, les fonds propres de LTCM sont tombés à 2,3 milliards de dollars. John Meriwether envoie un courrier aux investisseurs du fonds dans lequel il fait état de pertes massives de LTCM, de la possibilité qui est ouverte d'investir plus « à des conditions spéciales » et, simultanément, de l'interdiction qui est faite de retirer plus de 12 % des sommes déjà investies, et ce, pas avant décembre 1998.

Le dimanche 20 septembre 1998, des responsables de la FRBNY et du Trésor se rendent au siège de LTCM à Greenwich pour obtenir des données précises sur les positions détenues par Long-Term Capital Management.

Le mardi 22 septembre 1998, les fonds propres de LTCM ne représentent plus que 600 millions de dollars, alors que le portefeuille du fonds ne s'est pas significativement réduit, ce qui signifie que le *leverage* atteint désormais 167.

Depuis plusieurs jours, les banques doutent de la capacité du fonds à répondre aux appels de marge, et William McDonough, le président de la Banque de réserve fédérale de New York, les réunit pour les avertir que « le risque systémique qui pourrait être créé par la faillite de LTCM est "très réel" » et il explique qu'elles n'ont absolument pas intérêt à contraindre LTCM à la faillite, car, comme elles détiennent des quantités importantes d'actifs semblables à ceux que possède LTCM, elles subiront des pertes sévères si les prix de ces actifs s'effondrent. Le président de la FRBNY ajoute que les banques ne doivent pas oublier non plus qu'elles sont également exposées comme contreparties des positions de swaps détenues par LTCM.

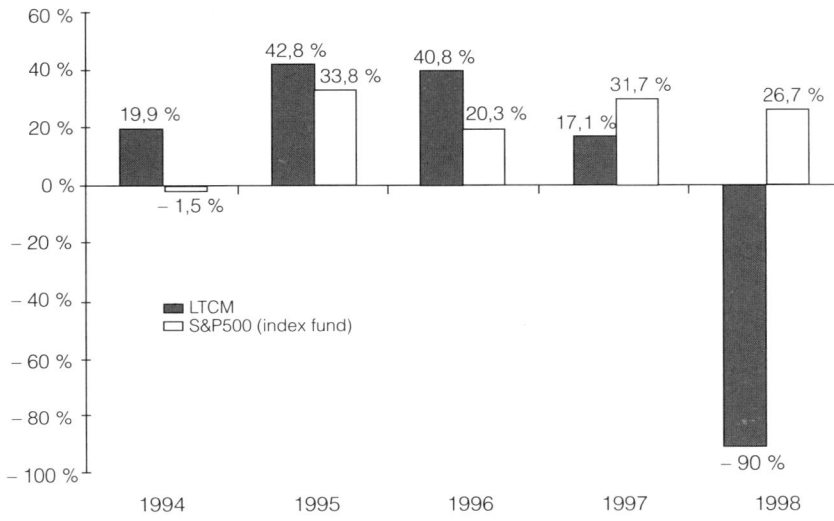

Graphique 6 – Les performances comparées de LTCM
et d'un fonds indiciel indexé sur le S&P 500

Le mercredi 23 septembre 1998 au matin, Goldman Sachs, AIG, Inc et Warren Buffett proposent à Meriwether et ses quinze *general partners* de leur racheter LTCM pour 250 millions de dollars seulement, et d'injecter 4 milliards de dollars pour permettre au fonds de continuer à assurer ses engagements. Meriwether refuse l'offre, qui signifierait son licenciement.

Le soir même, un consortium de seize institutions financières réunies par la Banque de réserve fédérale de New York accepte d'injecter 3,625 milliards de dollars dans LTCM en échange de 90 % du capital de la société. Le consortium est composé de grandes sociétés financières internationales : Goldman Sachs, Merrill Lynch, JP Morgan, Morgan Stanley, Dean Witter, the Travelers Group, Union Bank of Switzerland, Barclays, Bankers Trust, Chase Manhattan, Crédit Suisse First Boston, Deutsche Bank, Lehman Brothers, Paribas et la Société Générale.

« Les acteurs du marché financier étaient déjà déstabilisés par les récents événements internationaux. Si la liquidation de LTCM avait déclenché la paralysie des marchés, des dommages substantiels auraient pu être infligés à de nombreux acteurs du marché – y compris certains acteurs non liés directement à l'affaire –, et elle aurait pu potentiellement affaiblir les économies de nombreux pays, dont l'économie américaine. (…) Dans ces circonstances, le président de la Federal Reserve Bank of New York a jugé qu'il était de l'intérêt de toutes les parties – y compris les créanciers et d'autres acteurs du marché – d'aboutir à une résolution ordonnée plutôt que de laisser le fonds en arriver à une liquidation sauvage de ses positions. (…) La Réserve fédérale a donc proposé ses bons offices plus rapidement qu'elle ne l'aurait fait dans un cadre normal, car elle savait que les marchés étaient devenus fragiles. »[1]

Le 29 septembre 1998, une réunion imprévue du *Comité d'Open Market* de la Réserve fédérale annonce une baisse du taux directeur de 5,50 % à 5,25 %. Parmi les raisons invoquées par le FOMC, figurent « les conditions financières moins accommodantes au niveau national ».

Le 1er octobre 1998, le président d'Union Bank of Switzerland démissionne en raison des pertes énormes (700 millions de dollars) encourues par la banque. D'autres grandes banques provisionnent également pour les pertes subies au troisième trimestre.

Le 15 octobre 1998, la Réserve fédérale décide à nouveau de baisser son taux directeur à 5 % et le communiqué explique que « les prêteurs sont plus frileux et les marchés financiers sont déséquilibrés ».

Le 17 novembre 1998, la Réserve fédérale décide à nouveau de baisser son taux directeur à 4,75 % et le communiqué explique que « même si les déséquilibres des marchés financiers se sont effectivement réduits depuis la mi-octobre, il subsiste encore des tensions inhabituelles ».

---

1. Déposition d'Alan Greenspan, président de la Réserve fédérale, devant le Comité banques et services financiers de la Chambre des représentants, le 1er octobre 1998.

Au total, les pertes subies par LTCM s'élèvent à 4,6 milliards de dollars, dont 1,6 milliard sur les swaps et 1,3 milliard sur les *futures,* et les parts des 16 partenaires du hedge fund ne valent plus que 30 millions de dollars, contre 1,6 milliard en début d'année.

Le débat sur la réglementation

Un groupe de travail composé de représentants du Département du Trésor, de la Réserve fédérale, de la *Securities and Exchange Commission* et de la *Commodity Futures Trading Commission*[1] est créé en avril 1999 pour examiner les hedge funds en général, et la quasi-faillite de LTCM en particulier.

Le groupe de travail analyse les problèmes posés aux marchés financiers par l'effet de levier et il recommande un certain nombre de mesures destinées à limiter les risques que les « institutions à fort effet de levier » font courir aux banques et aux autres institutions financières qui sont leurs contreparties. Le rapport du groupe de travail demande en particulier aux contreparties de mettre en place des procédures de gestion du risque dans leurs opérations de prêts de titres et de ventes à la marge. La gestion du risque des banques impliquées dans la crise de LTCM présentait en effet une grave lacune : en évaluant le risque induit par un prêt à LTCM, les banques se sont trop fiées à la réputation des associés du fonds, sans chercher à avoir une vision claire du profil de risque général de ce fonds.

Le groupe de travail ne recommande pas de changements dans les exemptions prévues dans les lois existantes sur les hedge funds et les conseillers en investissement des hedge funds. Le rapport souligne au contraire que c'est la « discipline du marché » (*cf.* encadré) qui peut le mieux garantir que l'effet de levier ne devienne pas excessif. Ce sont donc les contreparties des hedge funds qui doivent exiger de ceux-ci plus de transparence de l'information.

---

1. La *Commodity Futures Trading Commission* (CFTC) est une agence gouvernementale indépendante créée en 1974 dont le rôle est de surveiller les transactions sur les *futures* qui s'opèrent sur les Bourses américaines de *futures.* Voir chapitre 4.

Le groupe de travail a appelé cette méthode la « réglementation indirecte des hedge funds ». Le groupe de travail a examiné la solution alternative consistant à réglementer directement les hedge funds, mais il a considéré que la mise en place d'un système réglementaire pour les hedge funds présenterait d'énormes difficultés en termes de coût et d'efficacité, tandis que la réglementation indirecte permettrait à la fois de répondre plus efficacement aux inquiétudes sur les risques systémiques dus aux hedge funds et d'éviter les coûts potentiels induits par la réglementation directe.

Le concept de « discipline de marché »

Il y a deux types de discipline de marché : directe et indirecte.

La discipline de marché indirecte correspond à l'information donnée par les prix sur les marchés primaire et secondaire des titres émis par l'institution financière qui fournit un signal du niveau de risque de la société ; lorsque ces signaux de marché reflètent l'estimation d'une augmentation de la prise de risque de l'institution, les investisseurs potentiels, les détenteurs de créances sur l'institution et les autres contreparties vont exiger des rendements plus élevés sur les titres qu'ils détiennent, ou des garanties collatérales supplémentaires lors de certaines transactions de crédit.

La discipline de marché directe fait référence au contrôle ou à l'influence que tous les acteurs du marché ont sur le comportement d'une institution financière, que ce soit ses décisions d'investissement, de financement ou ses opérations courantes. Cette discipline s'exerce par l'intermédiaire des instruments financiers sensibles au risque que cette institution financière émet. Le coût d'émission de ces titres varie en fonction du profil de risque de l'institution financière. Comme les institutions financières, en particulier les banques, émettent très régulièrement des titres de créance, la discipline de marché directe est exercée par les détenteurs de ces créances.

Si le niveau de risque par la banque tel que l'indiquent les signaux du marché n'est plus toléré par les acteurs du marché, ces derniers peuvent réduire leur exposition au risque en refusant de traiter avec l'institution financière. De tels signaux peuvent également servir aux autorités réglementaires pour évaluer le niveau de risque de la société concernée.

La fin de l'âge d'or des fonds *global macro*

Les fonds créés dans les années 1960 par Julian Robertson et George Soros ne survivent pas à l'éclatement en mars 2000 de la bulle de la nouvelle économie.

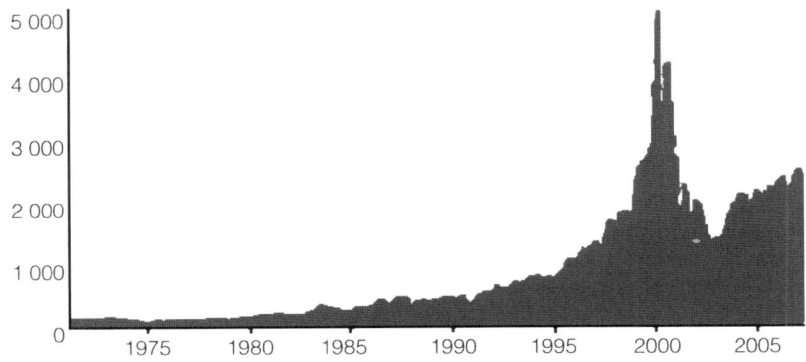

Source : NASDAQ 2007.

Graphique 7 – L'évolution de l'indice NASDAQ Composite
depuis sa création en 1971

L'indice a commencé à la base 100 le 5 février 1971. Il a dépassé le niveau 1 000 le 17 juillet 1995. Le 10 mars 2000, l'indice a terminé à son niveau record de 5 046. Le niveau le plus bas du marché baissier est atteint le 10 octobre 2002 avec une valeur de l'indice de 1 108. Ce n'est que depuis mai 2007 que l'indice dépasse la moitié du niveau record atteint en mars 2000.

Entre 1980 et 1998, les six fonds de Tiger Management ont dégagé un rendement net de frais de 32 %. En 1998, Tiger a plus de 22 milliards de dollars d'actifs sous gestion et il participe vivement au *carry trade* (*cf.* encadré) sur le yen. Mais lorsque le yen remonte fortement à partir du mois d'octobre 1998, Tiger essuie des pertes énormes (2 milliards de dollars le 25 octobre 1998). Alors que ses positions directionnelles sur les devises continuent à peser sur ses résultats, Tiger subit d'autres pertes en 1999. À la différence des autres investisseurs, qui se précipitent pour acheter massivement des titres Internet, technologiques et des télécommunications, les

L'opération de *carry trade* sur les marchés des changes

Le terme « carry trade » correspond à l'opération spéculative suivante : l'investisseur emprunte dans une monnaie à faible rendement pour prêter dans une monnaie à fort rendement.

Exemple : l'investisseur emprunte 1 000 yens à une banque japonaise, convertit ces fonds en dollars et achète l'équivalent en bons du Trésor américain. En juin 2007, les bons du Trésor à 3 mois rapportent 5,32 % et les taux d'intérêt japonais à 3 mois sont à 0,65 %. Si le taux de change yen/dollar ne change pas (121 yens pour un dollar), le trader fait un profit de 4,67 % (5,32 % – 0,65 %).

Le risque du *carry trade* est que le taux de change yen/dollar se modifie et que l'investisseur doive racheter des yens désormais plus chers avec des dollars moins chers. Si le trader a utilisé l'effet de levier et qu'il ne s'est pas couvert en vendant à découvert des dollars, de petites variations du taux de change peuvent entraîner des pertes impressionnantes. Comme en général le *carry trade* fait baisser la monnaie cible (en l'occurrence le yen), puisque les investisseurs la vendent après l'avoir empruntée, la couverture de change semble superflue. Mais les Banques centrales peuvent intervenir sur les marchés et les fondamentaux de l'économie (en l'occurrence le Japon) peuvent persuader d'autres investisseurs de prendre des positions directionnelles à la hausse (en l'occurrence du yen).

portefeuilles de titres détenus par Tiger restent basés sur « l'ancienne économie ». Comme l'avait prévu Keynes, le marché reste irrationnel plus longtemps que Tiger reste solvable. Le 30 mars 2000, alors que le capital de Tiger ne représente plus que le tiers de son niveau de 1998, Robertson annonce dans une lettre à ses investisseurs qu'il ferme Tiger Management : « *Je vous ai dit à de nombreuses occasions que la clé du succès de Tiger résidait dans son engagement résolu à acheter les meilleurs titres et à vendre à découvert les plus mauvais. Dans un environnement rationnel, cette stratégie fonctionne bien. Mais, dans un marché irrationnel dans lequel les considérations de bénéfices et de prix n'ont plus cours, cette logique ne peut plus fonctionner.* »[1]

---

1. « Tiger Management closes. Julian Robertson plans to return money to shareholders after losses », *New York Times*, 30 avril 2000. Voir également le site de Paul Krugman : *www.pkarchive.org/column/4200.html*

Pendant ce temps, les fonds gérés par Soros Fund Management connaissent une mésaventure inverse. Comme d'autres investisseurs, le fonds Quantum avait misé sur la bulle de la nouvelle économie juste au moment où le NASDAQ perd plus du tiers de sa valeur dans les deux premières semaines d'avril 2000. Le fonds Quota, de son côté, avait parié sur le fait que l'euro allait s'apprécier face au dollar, ce qui est exactement le contraire de ce qui se produit jusqu'en septembre 2000.

Dans une lettre à ses investisseurs, Soros écrit le 28 avril 2000 : « *Nous devons réaliser qu'un important hedge fund comme Quantum Fund n'est plus la meilleure façon de gérer des acifs. Les marchés sont devenus extrêmement instables et les mesures historiques de la* value at risk *ne s'appliquent plus. Comme je souhaite obtenir une source de revenus plus fiable pour financer mes activités charitables, j'ai décidé de convertir Quantum en fonds à plus faible risque et plus faible rendement.* »[1]

La *value at risk*

La *value at risk* (VaR) est une mesure de la perte que peut subir un actif ou un portefeuille d'actifs sur une certaine période de temps (de un à dix jours) dans les conditions normales. Supposons qu'une banque d'investissement détienne un portefeuille de titres dont la valorisation est connue aujourd'hui, mais dont, évidemment, la valorisation de demain est inconnue. Si la banque annonce que son portefeuille a une VaR à 1 jour de 4 millions de dollars au niveau de confiance de 95 %, cela signifie que, si les conditions habituelles s'appliquent sur cette période de 1 jour, la banque s'attend, avec une probabilité de 95 %, à ce que la valeur de son portefeuille ne diminue pas de plus de 4 millions de dollars sur 1 jour.

Le point important à noter est que le niveau de confiance (95 % dans l'exemple précédent) est le paramètre. Le résultat du calcul (4 millions de dollars) est le montant maximal risqué (*value at risk*) pour ce niveau de confiance.

---

1. « Multibillionaire Speculator Soros Exiting Risk Business », *New York Times*, 28 avril 2000.

Une nouvelle vague durable de hedge funds

La quasi-faillite de LTCM représente une étape importante dans l'histoire des hedge funds, car les marchés financiers ont amélioré leurs pratiques depuis cette crise :

- le système bancaire est désormais protégé par des fonds propres, qui sont davantage calculés en fonction du risque. Aux États-Unis et en Europe, les ratios de fonds propres de premier niveau[1] en regard du risque atteignent environ 8,5 %, ce qui est bien supérieur aux 6,5 % du début des années 1990 ;

- la gestion du risque des hedge funds s'est améliorée grâce aux efforts des autorités de supervision bancaire qui incitent les banques qui prêtent aux hedge funds à adopter les « bonnes pratiques » de gestion du risque. Les banques, à leur tour, encouragent les hedge funds à renforcer leur gestion du risque ;

- la gestion du risque des hedge funds s'est également améliorée grâce aux efforts des banques et des courtiers, qui ont créé le *Counterparty Risk Management Group*[2], qui a élaboré des réglementations et qui les a appliquées de façon scrupuleuse ;

- les investisseurs dans les hedge funds sont de plus en plus des investisseurs institutionnels, pour lesquels la gestion du risque est une des principales préoccupations.

Loin de sonner le glas des hedge funds, la crise de LTCM a donc contribué à les renforcer dans leur développement, mais sous une forme différente. Mieux encadrée, plus transparente, ayant moins recours à l'effet de levier, l'industrie des hedge funds poursuit donc sa croissance impétueuse.

---

1. Les fonds propres de premier niveau (*equity capital tier one*) sont également appelés *core capital*. Ils comprennent les actions, les réserves et les profits non distribués.
2. Voir chapitre 9.

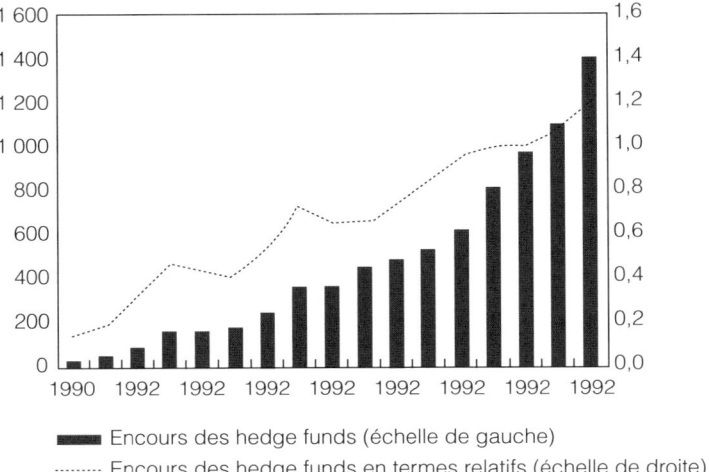

Encours des hedge funds (échelle de gauche)
.... Encours des hedge funds en termes relatifs (échelle de droite)

Source : Banque de France, Financial Stability Review, *« Special issue on hedge funds », n° 10, avril 2007.*

Graphique 8 – Les actifs gérés par les « hedge funds » en milliards de dollars et en proportion de l'encours total des obligations et des actions dans le monde

La faillite du fonds Amaranth

Amaranth Advisors LLC était un fonds multistratégie[1] de très bonne réputation, gérant plus de 9 milliards de dollars[2]. Il s'est effondré en septembre 2006, après avoir perdu plus des deux tiers de ses actifs en moins de deux semaines. Il a perdu 35 % de sa valeur pendant la semaine du 11 septembre 2006, en recourant à une stratégie à fort effet de levier misant sur les *spreads,* sur le marché du gaz naturel.

En 2005, le hedge fund avait réalisé d'énormes profits en pariant à la hausse sur les prix du gaz naturel, à une époque où l'ouragan Katrina avait sérieusement déstabilisé la production et la distribution du gaz naturel. En août 2006, Amaranth détient des positions importantes

---

1. Voir chapitre 6.
2. Voir *www.amaranthllc.com /*

(près de 40 % des contrats du NYMEX[1]) sur des contrats *futures* « mars 2007 » et « avril 2007 ». Amaranth parie qu'il y aura à nouveau des tensions sur le marché du gaz naturel au cours de l'hiver et que le prix des contrats « mars 2007 » s'élèvera par rapport au prix des contrats « avril 2007 », entraînant une augmentation du *spread* entre ces deux types de contrats. Amaranth est donc « long » sur les contrats « mars 2007 » et « court » sur les contrats « avril 2007 »[2].

Malheureusement pour Amaranth, ce n'est pas ce qui se passe sur le marché à terme du gaz naturel. Le *spread* entre les *futures* « mars 2007 » et « avril 2007 » passe de 2,49 dollars à la fin du mois d'août 2006 à 0,58 dollar à la fin du mois de septembre, entraînant une perte de 6,5 milliards de dollars pour le hedge fund. Amaranth cherche à vendre ses positions sur le marché de l'énergie à d'autres institutions financières, et le 20 septembre 2006 JP Morgan Chase et Citadel Investment Group acceptent de reprendre ce portefeuille avec une décote très importante. Amaranth liquide ses autres actifs le 1er octobre 2006.

De nombreux observateurs optimistes soulignent que le marché s'est révélé capable de gérer cet incident de façon réussie en dépit des pertes énormes subies par Amaranth. Il y a cependant dans cette affaire des éléments qui devraient inciter à ne pas en tirer des conclusions générales :

- les positions prises par Amaranth étaient certes très importantes, mais elles correspondaient dans une large mesure à des transactions relativement simples et directes ;
- il n'y avait pas de phénomène de *crowded trade*[3] sur le marché à terme du gaz naturel ;

---

1. Le *New York Mercantile Exchange* (NYMEX) est le plus important marché physique de *futures* au monde.
2. On se souvient que cela signifie qu'Amaranth achète des contrats « mars 2007 » et vend à découvert des contrats « avril 2007 ».
3. On parle de *crowded trade* lorsque des positions similaires ont été prises par différents intervenants sur un même marché. Lorsque de telles transactions se dénouent, nombre d'opérateurs de marché se trouvent ainsi d'un seul et même côté du marché, ce qui crée à l'évidence un risque d'instabilité.

- les dirigeants d'Amaranth ont agi rapidement, une fois connue l'étendue des pertes, pour vendre ou clore leurs positions de telle sorte qu'ils ont pu respecter leurs obligations de marge en évitant le règlement judiciaire ou la faillite ;
- comme il n'y a pas eu de faillite, les contreparties d'Amaranth n'ont pas été obligées de clore toutes leurs positions avec le fonds, ce qui aurait été un processus extrêmement complexe et potentiellement déstabilisant.

Fonds	Stratégie	Année	perte estimée	Origine du problème
Amaranth	Multistratégie	2006	~ 6 400	Exposition excessive aux prix de l'énergie
Long-Term Capital Management	Arbitrage sur marchés obligataires	1998	3 600	Effet de levier excessif pendant la crise russe (moratoire sur la dette)
Tiger Management	Macro	2000	2 600	Pari malencontreux sur le yen : 2 milliards de dollars perdus
Soros Fund	Macro	2000	2 000 – 5 000	Lourdes pertes sur les titres Internet et technologiques
Fenchurch Capital	Arbitrage sur marchés obligataires	1995	1 264	Concentration sur le marché américain, pas de diversification sur les marchés européens
Princeton Economics Inter'l	Macro	1999	950	Pertes sur le marché, fraude
Vairocana Ltd.	Arbitrage sur marchés obligataires	1994	700	Pertes sur le marché, pari sur la baisse des taux
Lipper	Arbitrage sur titres convertibles	2001	700	Pertes sur le marché, fraude
Askin Capital Management	Arbitrage sur marchés obligataires (titres adossés à des crédits hypothécaires)	1994	660	Pas de couverture, pertes sur le marché, appels de marge
Lancer	Long/short actions	2003	600	Fraude
Beacon	Arbitrage sur marchés obligataires	2002	500	Pertes sur les dérivés hypothécaires, pas d'évaluation en mark to market
Manhattan Investment Fund	Long/short actions	1999	400	Fraude
MotherRock	Fonds énergétique	2006	230	Pertes sur le marché du gaz naturel
Global Systems Fund	Macro	1997	125	Emporté par l'effondrement du baht thaïlandais
Argonaut Capital Management	Macro	1994	110	Pertes sur le marché
Maricopa Investment	Long/short actions	2000	59	Pertes sur le marché, fraude
Cambridge Partners	Long/short actions	2000	45	Fraude
HL Gestion/Volter	Contrats à terme gérés	2000	40	Pertes sur le marché, intervention des autorités de régulation
Ashbury Capital Partners	Long/short actions	2001	40	Fraude
ETJ Partners	Valeur relative	2001	21	Pertes sur le marché, fraude
Ballybunion Capital	Long/short actions	2000	7	Fraude

Source : Banque de France. Financial Stability Review – Special issue on hedge funds. N° 10, avril 2007.

Graphique 9 – Les pertes (en millions de dollars)
des « hedge funds » de 1994 à 2006

Que faut-il retenir ?

Les gérants de hedge funds peuvent faire des choses stupides, comme n'importe quel gestionnaire, mais à une plus grande échelle !

Les investisseurs dans les hedge funds ne prennent pas nécessairement en compte ce type de risque, même lorsqu'ils sont « avertis ».

Plus les investissements réalisés par un hedge fund sont exotiques, plus il est difficile à un observateur extérieur de savoir ce qui se passe réellement à l'intérieur du fonds. Si les partenaires généraux de Long-Term Capital Management et d'Amaranth n'ont pas vu les risques qu'ils encouraient, on peut se demander si une agence réglementaire aurait pu anticiper le problème et agir pour l'éviter.

L'affaire Amaranth montre qu'un hedge fund peut connaître une défaillance spectaculaire, la plus importante jamais enregistrée, sans qu'il y ait de répercussions notables sur les marchés financiers.

Chapitre 4

Les instruments et les techniques utilisés par les hedge funds

Une petite histoire racontée par Richard Feynman, prix Nobel de physique, sur son séjour à Stockholm lors de la remise des prix.

Après le dîner officiel, Feynman visite le château et il arrive dans un salon où une princesse suédoise est en train de tenir audience. La princesse le reconnaît comme récipiendaire et elle lui demande dans quel domaine il poursuit ses travaux de recherche. Lorsque Feynman lui répond qu'il s'agit de physique quantique, la princesse répond que c'est vraiment dommage, car personne dans la pièce n'y connaît rien et qu'on ne pourra donc pas en parler. Feynman répond poliment qu'il n'est pas tout à fait d'accord : « *On ne peut pas parler de physique quantique parce qu'il y a dans le salon quelqu'un qui connaît déjà un peu le sujet. C'est sur les choses dont personne ne sait rien qu'on peut parler. On peut parler du temps, on peut parler des problèmes sociaux, on peut parler des hedge funds… C'est quand personne n'y connaît rien qu'on peut tous en parler !* »

Les opérations auxquelles se livrent les hedge funds apparaissent complexes au grand public et pourtant ces opérations ne font qu'appliquer, de façon plus ou moins agressive (et avec plus ou moins de bon sens), les principes financiers élémentaires. En fait, la quasi-totalité des stratégies alternatives suivies par les hedge funds peut être retrouvée en combinant au sein d'un portefeuille les opérations de base habituelles, à savoir l'achat et la vente au comptant, l'achat sur marge, la location de titres et la vente à découvert. Avant d'étudier ces transactions qui permettent de spéculer à la hausse ou à la baisse, un bref rappel des instruments financiers utilisés dans la gestion traditionnelle et dans la gestion alternative paraît nécessaire.

Les instruments financiers de base

Les obligations

Une obligation est un titre de créance qui représente un emprunt fait par une entreprise, une collectivité locale, un État ou une institution internationale comme la Banque mondiale. Quand l'investisseur achète une obligation, il prête une certaine somme d'argent à l'émetteur de l'obligation, qui contracte donc une dette. Les obligations rapportent à leur détenteur (le prêteur) un certain intérêt dont les modalités de versement sont de plus en plus diverses, pour s'adapter aux besoins respectifs des investisseurs et des émetteurs.

Les obligations les plus répandues rapportent à leur détenteur un intérêt fixe appelé « coupon ».

Il existe aussi des obligations à taux variable, des obligations indexées sur l'inflation, des obligations zéro-coupon dont les intérêts sont précomptés (l'obligation s'achète donc moins cher que sa valeur de remboursement), des obligations titrisées qui sont des obligations « adossées » à un portefeuille d'actifs tels des crédits hypothécaires (*Asset Backed Securities/ABS*)[1].

Les obligations sont des titres de créances librement négociables et fongibles (tous les titres d'une même émission se valent). La plupart des obligations sont cotées quotidiennement sur un ou plusieurs marchés. Leur prix s'exprime en pourcentage de leur valeur nominale : un cours de 101,25 signifie qu'il faut payer une prime de 1,25 % pour acheter un nominal de 100 de cette obligation.

---

1. Toutes sortes d'actifs peuvent être titrisés : depuis des prêts destinés à l'achat de véhicules automobiles à des loyers de matériel informatique en passant par des prélèvements de cartes bancaires ou des prêts étudiants (les prêts aux étudiants américains représentent actuellement un encours de 85 milliards de dollars).

Le prix théorique d'une obligation correspond aux flux financiers qui seront versés dans le futur (coupons et remboursement). En général, le prix théorique d'une obligation est une fonction convexe et décroissante du taux de marché. Lorsque le taux de marché baisse, le cours des obligations sur le marché secondaire augmente (et inversement). En achetant une obligation à taux fixe classique, on s'expose donc au risque de taux d'intérêt.

La duration et la sensibilité d'une obligation sont les deux mesures du risque qui fournissent des approximations de la variation du prix de l'obligation lorsque les taux d'intérêt changent.

La **duration D** d'une obligation s'exprime en unités de temps (fractions d'année), et elle correspond à la période à l'issue de laquelle sa rentabilité n'est pas affectée par les variations de taux d'intérêt : la duration représente la durée moyenne de récupération des flux futurs assurés par l'obligation (coupons et remboursement). L'idée se résume simplement : un portefeuille obligataire dont la duration est de 3 ans voit sa valeur augmenter (respectivement baisser) de 3 % quand les taux d'intérêt baissent (respectivement montent) de 1 % (100 points de base). Un tel portefeuille est moins risqué qu'un portefeuille qui a une duration de 10 ans[1].

La **sensibilité S** d'une obligation s'exprime en pourcentage et elle correspond à la variation de la valeur de cette obligation provoquée par la variation de un point du taux d'intérêt.

Pour de faibles variations du taux d'intérêt, la relation entre la duration D et la sensibilité S s'écrit $S = - D/1 + r$ et, d'un point de vue graphique, la duration est la pente de la droite représentant la sensibilité du prix de l'obligation aux taux d'intérêt (*cf.* graphique 1).

Exemple : un titre d'une duration de 5 ans avec un taux de marché de 5 % a une sensibilité $S = - D/1 + r = - 4,76 \%$, ce qui signifie que si le taux de marché diminue de 20 points de base, le prix du titre augmente de 0,95 %.

---

1. Une obligation zéro-coupon a une duration égale à sa durée de vie moyenne, et, au terme de sa durée de vie, elle aura eu, par définition, un taux de rendement effectif égal à son taux actuariel d'origine.

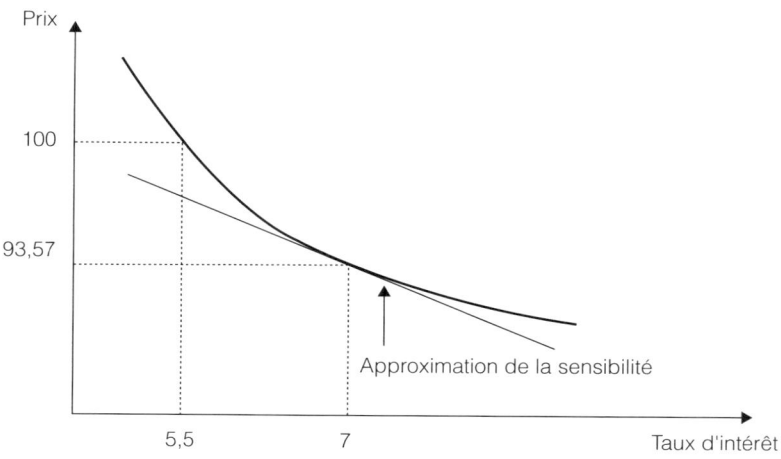

Graphique 1 – La sensibilité d'une obligation aux variations de taux

Un autre élément important de l'évaluation d'un portefeuille obligataire est la notation des titres (*rating*), qui consiste en une évaluation de la capacité d'un emprunteur à rembourser sa dette à moyen ou long terme aux dates prévues. Les notes sont attribuées par des agences de notation, comme Standard & Poor's, Moody's et Fitch, et elles reflètent la prévision, à une date donnée, du niveau de risque que l'émetteur d'un emprunt fait courir à un investisseur. Une émission obligatoire ne conserve pas nécessairement le même *rating* au cours du temps : en moyenne annuelle, environ 15 % des notations font l'objet d'une modification.

Le tableau suivant reprend le système de notation de S&P qui va de la note AAA accordée aux meilleurs emprunteurs à la note D, qui correspond à des obligations en défaut[1]. L'échelle des notes opère une distinction fondamentale entre les notes situées entre AAA et BBB, qui correspondent au « niveau investissement », et celles entre BB et D qui correspondent au

---

1. Dès qu'un émetteur redevient solvable, ces obligations qui ont été rachetées à très bas prix peuvent se révéler fort rentables.

« niveau spéculatif ». En règle générale, les investisseurs institutionnels n'ont pas le droit d'acheter des obligations de la catégorie « niveau spéculatif ».

Les notes de crédit attribuées par Standard & Poor's

AAA	La meilleure qualité de crédit possible — *Extremely reliable with regard to financial obligations*
AA	Très bonne qualité de crédit
A	Bonne qualité de crédit
BBB	Capacité satisfaisante de l'emprunteur à faire face à ses obligations de paiement
BB	Capacité incertaine de l'emprunteur à faire face à ses obligations de paiement
B	Faible capacité de l'emprunteur à faire face à ses obligations de paiement
CCC	Très faible capacité de l'emprunteur à faire face à ses obligations de paiement
CC	Danger quant aux paiements des intérêts et au remboursement du capital
C	Proche de la défaillance
D	En faillite

Les notes peuvent être modifiées par des signes + ou – , de telle sorte que AA- est une note légèrement meilleure à A+. BBB- représente donc la plus basse note *investment grade*. Les systèmes de notation de Moody's et de Fitch sont très similaires.

Source : Standard & Poor's.
www.standardandpoors.com/

Les notes de crédit ont une importance considérable sur le marché obligataire : une bonne note permet à un émetteur d'emprunter à moindre coût et, inversement, plus la note se dégrade, plus le taux de rendement demandé augmente, car les investisseurs exigent une prime de risque de crédit. On a déjà vu, dans les chapitres précédents, que de nombreux hedge funds spéculent activement sur l'évolution de ces primes de risques au cours du temps.

Les actions

Les actions sont des titres de propriété qui représentent une fraction du capital d'une entreprise. Lors de l'introduction de la
société en Bourse, l'entreprise lève des fonds, les acquéreurs
d'actions obtiennent en échange des droits sociaux (participation
et droits de vote à l'assemblée générale des actionnaires) et patri-
moniaux (participation au bénéfice de la société, sous forme de
dividendes ou de gains en capital, participation aux augmentations
de capital de la société, participation aux avoirs sociaux en cas de
liquidation de la société). Les actionnaires n'ont aucune garantie
de distribution de dividende, ni bien entendu de remboursement
du capital qu'ils ont investi. En revanche, ils peuvent à tout
moment revendre, s'ils le souhaitent, leurs titres à d'autres investisseurs. Les droits qui sont attachés à une action se transmettent
du vendeur au nouvel acheteur.

Comme les obligations, les actions sont librement négociables et
fongibles (tous les titres d'une même émission se valent). La plupart des actions sont cotées quotidiennement sur un ou plusieurs
marchés. Le prix d'une action à la cote est fonction de l'offre et de
la demande de titres, et donc des anticipations haussières ou baissières des participants au marché.

À la différence des obligations, il est très difficile de calculer un
prix de référence pour une action[1]. Les analystes traditionnels s'y
essaient pourtant en cherchant une évaluation relative en comparaison avec les valorisations d'entreprises similaires[2].

Les analystes « alternatifs » souhaitent plutôt évaluer le couple risque/
rendement d'une action. Le principe de base des modèles d'évaluation des actifs financiers consiste à séparer les variations observées sur
le cours d'une action en deux composantes bien distinctes :

---

1. La valeur intrinsèque d'une action est la valeur actualisée des flux de revenus futurs et elle dépend donc du bénéfice par action (BPA) actuel, du taux
   de croissance futur de ce BPA et du taux d'actualisation retenu.
2. L'instrument privilégié est alors le PER. Les analystes se servent également
   du délai de recouvrement (DR) qui cherche à évaluer le temps nécessaire
   (exprimé en années) pour récupérer le prix de l'action.

– une partie qui représente la relation qui existe entre les fluctuations de la valeur du titre et les fluctuations du marché boursier dans son ensemble. Cette composante est appelée bêta[1]. Elle est présente dans tous les titres, elle ne peut pas s'éliminer par diversification du portefeuille, elle est par contre rémunérée par une prime de risque ;

– une partie qui est spécifique au titre examiné, qui est donc indépendante du marché et qui peut s'éliminer par diversification.

Le résultat important de cette analyse est qu'il existe une relation linéaire entre le rendement d'une action (la prime de risque attendue) et le rendement du marché : un titre (ou un portefeuille) dont le bêta est égal à 1 offre un rendement égal à celui du marché, un titre dont le bêta est supérieur à 1 offre un rendement supérieur à celui du marché, et, bien évidemment, un titre dont le bêta est inférieur à 1 offre un rendement inférieur à celui du marché. Enfin un titre (ou un portefeuille) dont le bêta est nul offre un rendement attendu égal au taux sans risque puisqu'il ne contient pas de risque de marché : il est « neutre au marché ».

Les produits dérivés

On peut se demander pourquoi les marchés de produits dérivés ont pris une telle importance depuis la création du premier marché organisé d'options en 1973 (*Chicago Board Options Exchange*). La réponse est que les produits dérivés, qui existaient depuis l'Antiquité sous des formes rudimentaires, permettent de se couvrir de certains risques, de la même manière qu'un contrat d'assurance IARD peut le faire pour un sinistre domestique. Le principe est le même : le contrat d'assurance – traduction : le produit dérivé – génère un flux lorsqu'un sinistre – traduction : la variation du cours d'une action, d'un taux d'intérêt, du cours d'une matière première (*commodity*), d'un indice boursier – se produit. Les marchés de produits dérivés constituent donc une réponse

---

1. Par définition, un bêta égal à 1 indique que la valeur du titre varie exactement comme le marché.

naturelle au besoin d'assurance des agents : comme tout marché, ils permettent à différents acteurs de se rencontrer pour faire des échanges mutuellement bénéfiques qui portent en fait sur des « quantités de risque ». Il existe ainsi toute une série de contrats dont les caractéristiques correspondent aux besoins exprimés par les agents économiques et le rôle de l'innovation financière est de définir de nouveaux produits dérivés permettant une meilleure couverture des risques..

En pratique

Les produits dérivés regroupent ainsi d'une manière générale tous les contrats qui donnent à une des parties un droit sur un actif sous-jacent (ou sur la valeur liquidative d'un actif sous-jacent) à une certaine date et qui obligent la contrepartie à respecter un engagement similaire. Le contrat peut correspondre à un actif financier, à un montant de devises, à une quantité de matières premières, à un flux de paiements ou à la valeur d'un indice.

Les produits dérivés sont devenus les premiers contributeurs aux revenus des banques de financement et d'investissement (BFI) de la BNP Paribas et de la Société Générale. Pour BNP Paribas, les dérivés représentent 3,6 milliards d'euros (46 % des revenus de la BFI) dont 2,1 milliards dans les dérivés actions et 1,5 milliard dans les dérivés *fixed income* (taux, change, crédit, matières premières)[1].

D'après le rapport de la Banque des règlements internationaux paru en mai 2007, l'encours total des produits dérivés était, au 31 décembre 2006, de 415 *trillions* de dollars, dont 292 *trillions* de swaps de taux d'intérêt, 40,2 *trillions* de dollars de dérivés de taux de change, 29 *trillions* de dérivés de crédit et 6,9 *trillions* de dérivés de *commodities*[2].

---

1. La Société Générale est leader mondial dans les dérivés actions, devant BNP Paribas, et les deux banques françaises représentent environ 20 % de ce marché dans le monde.
2. Un *trillion* = 10^{12}.

Les contrats à terme

Les contrats à terme originels sont les plus simples des produits dérivés. Il s'agit de contrats de gré à gré par lesquels un acheteur et un vendeur s'engagent « fermement » à s'échanger à une date future une quantité déterminée d'un produit donné. L'engagement est pris aujourd'hui, mais l'exécution – la livraison du sous-jacent et le paiement – se fait dans le futur, à une date précise et convenue entre les parties. Le vendeur de contrat se met en position *short* – il se protège contre la baisse de l'actif sous-jacent – et l'acheteur de contrat se met en position *long* – il se protège contre la hausse de l'actif sous-jacent.

Ces contrats à terme se développent vivement dès le XVIIIe siècle au Japon sur le marché du riz et aux Pays-Bas sur le marché des tulipes. On comprend facilement que les producteurs de riz qui craignent la baisse sont vendeurs de contrats à terme et que les utilisateurs de riz qui craignent la hausse sont acheteurs de contrats à terme. Les marchés de contrats à terme commencent aux États-Unis dès le début du XIXe siècle, dans les villes (Kansas City, Chicago) où sont installés des marchés permettant aux agriculteurs de vendre leurs *commodities* soit au comptant, soit à une date ultérieure.

Le principal problème de ces marchés à terme de gré à gré est qu'il n'y a pas de protection contre le défaut d'une contrepartie. Le *Chicago Board Of Trade* (CBOT), qui sert à partir de 1848 de lieu centralisé de rencontres et d'échanges de cotations entre vendeurs et acheteurs de contrats à terme, crée donc en 1868 les premiers contrats à terme standardisés « échangés à la Bourse » qui sont appelés *futures contracts*.

Les contrats *futures* sont donc tout à fait semblables aux *forward*, mais ils se négocient uniquement sur des marchés organisés et réglementés dans lesquels une chambre de compensation assume le risque de contrepartie, chaque participant versant à la chambre un dépôt de garantie qui est réévalué tous les jours en fonction de l'évolution de la valeur de marché des positions détenues par le participant.

Le rôle indispensable des spéculateurs

Le rôle des marchés à terme est, d'abord et avant tout, de permettre aux opérateurs sur le « physique » (le producteur de blé, le minotier utilisateur de blé) de se couvrir, au moins partiellement, contre un risque de marché. Mais les marchés à terme sont aussi des marchés financiers. Dans presque tous les cas, les opérateurs ne livrent pas, ou ne prennent pas livraison du physique, mais ils rachètent ou revendent les contrats avant ou à l'échéance, les gains – ou les pertes – sur le « papier » compensant les pertes – ou les gains – sur leurs opérations « physiques » habituelles. Les intervenants sur les marchés des *futures* ne sont pas tous à la recherche d'une protection contre les fluctuations des cours à la hausse (*long*) ou à la baisse (*short*). Les spéculateurs sont également présents, qui tentent de réaliser des gains en anticipant l'évolution des cours et donc en prenant des positions *long* s'ils parient sur la hausse ou *short* s'ils parient sur la baisse. S'il n'y avait que des *hedgers* – c'est-à-dire des intervenants utilisant les *futures* comme instruments de couverture – peu de transactions pourraient se réaliser. Les spéculateurs apportent de la liquidité au marché : pour qu'un producteur de blé puisse se couvrir contre la baisse du prix, il faut qu'il y ait en face un spéculateur qui parie sur la baisse ! L'intervention des spéculateurs qui interviennent sur le « papier » en espérant un gain lié à la réalisation de leurs anticipations est nécessaire. Les spéculateurs « achètent » en fait les risques de marché dont veulent se débarrasser les opérateurs sur le physique et qui ne trouvent pas preneurs chez d'autres opérateurs.

Les marchés à terme permettent également une meilleure gestion des stocks. Un opérateur disposant de capacités de stockage inutilisées qui voit les prix à terme s'élever au-dessus du prix du « physique » au comptant[1] a intérêt à acheter du « physique » et à vendre des contrats à terme. Il retire de la sorte du marché le « physique » excédentaire – c'est pour cela que le prix du comptant était inférieur au prix à terme – et il replace ultérieurement

---

1. Lorsque le prix à terme est supérieur au prix comptant, on parle de situation de « report ». Dans la pratique, il faut bien entendu ajouter les frais de stockage au prix *spot*.

ces excédents sur le marché, au moment où le prix à terme indique une tension probable sur le marché en repassant en dessous du prix au comptant. Inversement, si le prix du « physique » est élevé par rapport au prix à terme[1], l'opérateur est incité à vendre du « physique » dont il n'a pas l'usage et à acheter des contrats à terme. Ce faisant, il contribue à détendre la tension sur le marché qu'indiquait le « déport ». Ces mécanismes montrent comment sont reliés les prix *spot* et les prix *forward* et comment les marchés à terme exercent un rôle régulateur sur les marchés physiques.

Les marchés à terme permettent également aux prix sur plusieurs échéances d'être connus de tous. Les opérateurs bénéficient ainsi d'une visibilité parfaite, très supérieure à celle des autres systèmes où, malgré des prix officiels et affichés, les ristournes et autres distorsions de concurrence ne sont pas rares. De plus, les bulletins météorologiques, les événements politiques, tous les facteurs qui peuvent affecter l'offre et la demande futures, affectent quasi immédiatement le prix des *futures*. C'est dans ce sens qu'on peut parler du rôle de « découvreur de prix » des marchés à terme.

Les avantages des marchés à terme sont indiscutables. Mais la présence indispensable des spéculateurs qui favorisent la liquidité du marché est peut-être déstabilisante.

À l'appui de cette thèse bien connue du grand public, on évoque le caractère grégaire des intervenants sur les marchés financiers, un comportement qui peut conduire aux fameuses « bulles spéculatives », la hausse appelant la hausse et la baisse se transformant en effondrement.

> « *L'investissement professionnel s'apparente à ces concours organisés par les journaux, qui demandent au lecteur de choisir parmi les cent portraits les six visages qui lui plaisent le plus. Le gagnant est celui dont le choix est le plus proche du choix moyen des autres participants : chaque participant devra donc choisir non pas les visages qui lui plairont le plus personnellement, mais ceux qu'il pense être le choix probable des autres concurrents, tous les concurrents adoptant le même point de vue.* »

---

1. On parle alors de situation de « déport ».

Il ne s'agit pas de choisir les visages qui, selon son propre jugement, sont les plus agréables, ni même ceux qui, de l'avis général, sont les plus agréables. Nous avons atteint le degré 3 de la réflexion où nous consacrons notre intelligence à anticiper ce que, de l'avis général, sera l'avis général. Et je pense que certains pratiquent un quatrième, cinquième, voire sixième degré de réflexion. »[1]

Le concours de beauté de Keynes reste une métaphore brillante pour réfléchir au fonctionnement des marchés financiers, mais on peut tout aussi bien soutenir le raisonnement inverse, comme l'illustre l'exemple suivant.

On annonce des gelées inhabituelles au Brésil, des grèves dures dans les mines de cuivre chiliennes ou des attentats dans des installations pétrolières au Nigeria. Nul ne connaît avec certitude les conséquences des gelées, ni la durée des grèves, ni la sévérité des attentats. En l'absence de marchés à terme, tous les utilisateurs se précipiteraient pour constituer des stocks de précaution et les prix des matières premières concernées s'envoleraient. L'existence de marchés à terme permet d'une part aux opérateurs d'étaler sur plusieurs échéances leurs achats de précaution ; celui qui n'a besoin de la marchandise que dans trois mois, achète à terme de trois mois, et le pic de demande s'en trouve donc étalé. L'existence des marchés à terme permet d'autre part aux spéculateurs qui parient sur des conséquences minimes de ces événements de vendre alors que tout le monde achète, freinant ainsi la hausse des prix à terme. En définitive, la flambée des prix au comptant devrait s'en trouver étalée ou réduite : les prix à terme reflètent une moyenne des comportements d'assurance contre le risque de pénurie ou de surproduction et ils provoquent une hausse – ou une baisse – immédiate des prix du marché physique, mais en leur absence, les variations de cours au comptant seraient, en règle générale, bien supérieures[2].

---

1. Le célèbre concours de beauté de J. M. Keynes est tiré de son ouvrage *Théorie générale de l'emploi, de l'intérêt et de la monnaie*, page 168, de l'édition française, Éditions Payot. On peut consulter *Keynes et keynésianisme*, G. M. Henry, Éditions Armand Colin, Collection U, Paris, 1997.
2. Voir, en annexe, l'évolution du marché des *futures* de l'aluminium *high-grade*.

Les options

Une option est similaire à un contrat à terme, si ce n'est que l'obligation d'acheter ou de vendre une quantité donnée d'un actif sous-jacent se transforme en droit d'acheter ou de vendre à un prix déterminé (prix d'exercice/*strike*) et à une date déterminée[1], ou avant cette date[2].

À la lecture du paragraphe précédent, on devine qu'il existe deux types d'options, les options d'achat (*call*) et les options de vente (*put*). L'acheteur d'un *call* ou d'un *put* exerce son droit librement. Par contre, le vendeur d'options est lié à la décision des acheteurs d'options. Sur réquisition (*assignment*) des acheteurs, le vendeur d'un *call* doit vendre l'actif sous-jacent (titres, indices, taux, devises, *commodities*) et le vendeur d'un *put* doit acheter l'actif sous-jacent. En contrepartie de cette contrainte, les vendeurs d'options reçoivent de l'acheteur le prix de l'option (*prime*).

L'utilisation des options n'est guère mystérieuse si on se souvient que l'objectif premier d'un marché de produit dérivé est de répondre à un besoin d'assurance. L'option permet à l'acheteur de fixer à l'avance un prix pour l'actif qui l'intéresse, et de ne régler ou de ne recevoir effectivement ce prix que si, le moment venu (à l'échéance ou avant, selon les cas), les conditions du marché sont telles qu'il est intéressant de le faire. Quelle que soit la décision de l'acheteur (l'agent qui veut se protéger) d'exercer ou non son option, la prime reste acquise au vendeur (l'agent qui propose l'assurance). Cette prime rémunère le risque que « l'assureur » prend en étant vendeur de l'option.

Les swaps

Les swaps complètent cette taxonomie très simple des instruments dérivés. Les swaps, comme leur nom l'indique, sont des contrats d'échange, par lesquels les parties s'engagent à échanger

---

1. « Option européenne ».
2. « Option américaine ».

© Groupe Eyrolles

régulièrement des flux de fonds pour modifier leur exposition aux risques afférents à un emprunt ou à un placement.

Un exemple simple permet d'illustrer le mécanisme des swaps.

Une entreprise bénéficie d'un crédit de 5 millions d'euros sur cinq ans, remboursable à l'échéance, à taux variable T4M + 1 %.

Pour se prémunir contre la poursuite de la hausse des taux, l'entreprise fait un swap de taux avec la Société Générale à laquelle elle paye un taux fixe (4,15 %). De son côté, la Société Générale verse à l'entreprise le T4M.

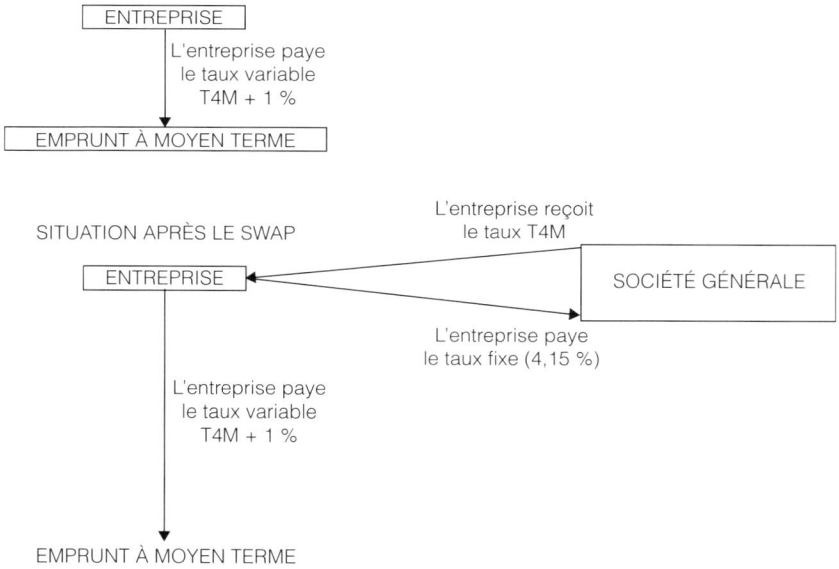

Graphique 2 – Le fonctionnement d'un swap de taux

Initialement l'entreprise payait un *taux variable* : T4M + 1 %.

Après le swap, elle paye un *taux fixe* :
(T4M + 1 %) + 4,15 % − T4M = 5,15 %

Grâce au swap de taux, l'entreprise est couverte contre toute hausse des taux d'intérêt et c'est la contrepartie Société Générale qui accepte le risque. Instrument de hors bilan[1], le swap permet ainsi d'obtenir des conditions avantageuses de financement[2].

Les obligations convertibles

Une obligation convertible (*convertible bond*) est un type d'obligation émise par une société, qui donne l'option au porteur de la convertir en actions de cette société, selon des modalités stipulées au sein du contrat d'émission (le ratio de conversion et la période future de conversion). Ce droit d'option est lié à l'obligation et il disparaît avec elle lors de la conversion. Si la conversion n'est pas demandée, l'obligation est remboursée à l'échéance comme une obligation classique.

Une obligation convertible est donc un titre hybride qui se présente tantôt comme une obligation (jusqu'à sa conversion ou son remboursement), tantôt comme une action potentielle, avec des clauses optionnelles fréquentes, telles que le droit pour le détenteur de l'obligation d'exiger son remboursement à prix spécifié à l'avance (*put* porteur) ou le droit pour la société émettrice de rembourser ses obligations convertibles à un prix spécifié à l'avance si le cours de l'action sous-jacente passe au-dessus d'un certain niveau (*call* émetteur).

En contrepartie de l'avantage procuré par la conversion, analogue à celui d'un droit de souscription, ou warrant, le taux d'intérêt de l'obligation convertible est inférieur à celui d'une obligation classique. Une obligation convertible rapporte donc moins qu'une obligation à revenu fixe classique en cas de baisse du cours de l'action correspondante, et son cours progresse moins que celui de l'action en cas de hausse. Les investisseurs traditionnels préfèrent donc des

---

1. Opération engageant l'entreprise mais ne figurant pas à son bilan comme les contrats de crédit-bail, les opérations de change à terme, etc.
2. Voir, en annexe, la première opération connue officiellement de swaps de devises entre la Banque mondiale et IBM en août 1981.

produits purs. Ce manque d'intérêt d'une majorité des acteurs du marché explique la liquidité faible et la sous-évaluation importante des obligations convertibles, en particulier lors de leur émission.

Pour les sociétés qui émettent les obligations convertibles, la technique présente au contraire un avantage, encaissable immédiatement, en coût d'endettement inférieur à celui d'une émission d'obligations normales. Il y a donc un biais en faveur de l'émission d'obligations convertibles, même en l'absence de demande fondamentale pour cet instrument.

Le calcul de la valeur d'une obligation convertible est difficile, puisqu'il faut tenir compte de l'évolution des taux d'intérêt, de l'évolution du cours de l'action sous-jacente, de la probabilité de conversion, de la prime de conversion (c'est-à-dire du surcoût d'une action obtenue par l'achat et la conversion simultanée d'une obligation convertible par rapport à une action achetée sur le marché), et enfin des différentes clauses optionnelles de remboursement.

Ce sont ces particularités des obligations convertibles qui les rendent attractives aux arbitragistes de banques d'investissement ou des « hedge funds » qui les achètent tout en vendant à découvert les actions sous-jacentes (stratégie de *convertible arbitrage*[1]).

Les dérivés de crédit[2]

Un dérivé de crédit est un produit dérivé dont le sous-jacent est un actif de type crédit, c'est-à-dire une créance ou un titre représentatif d'une créance (une obligation). Le but d'un dérivé de crédit est de transférer les risques − et tout ou partie des revenus relatifs au crédit − sans transférer l'actif lui-même. La technique permet ainsi à un acheteur de protection de transférer le risque lié à un actif de type crédit − dont il est ou non le détenteur − à une ou plusieurs contreparties, les vendeurs de protection.

---

1. Voir chapitre 6.
2. David Mengle, « Credit Derivatives : an Overview », *Federal Reserve Bank of Atlanta*, mai 2007.
   www.frbatlanta.org/news/conferen/07fmc/07FMC_mengle.pdf

Il existait depuis longtemps des produits servant à transférer le risque, en particulier les lettres de crédit et les prêts hypothécaires. Les dérivés de crédit diffèrent des produits qui les ont précédés du fait qu'ils se négocient séparément de l'actif sous-jacent. Ils constituent par conséquent un instrument idéal pour les prêteurs qui désirent réduire leur exposition à l'égard d'un emprunteur particulier, mais qui ne sont pas disposés – pour des raisons fiscales ou de coût – à céder leur créance. Les premières transactions de dérivés de crédit datent de 1991 et ils se développent rapidement puisqu'ils répondent à un besoin fondamental des intervenants sur les marchés de capitaux : identifier le risque de crédit, le séparer du risque de marché, le négocier et le couvrir.

Les trois principaux types de produits dérivés de crédit sont les swaps sur défaillance (*credit-default swaps*), les swaps sur le rendement total (*total return swaps*) et les options de vente sur écart de crédit (*credit spread options*).

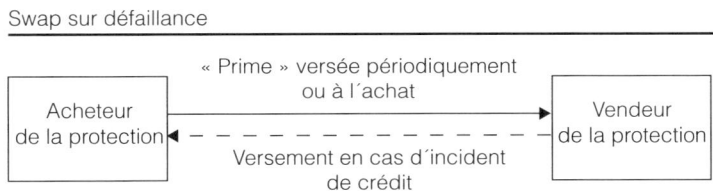

Swap sur défaillance

Graphique 3 – Swap sur défaillance

Le swap sur défaillance consiste à céder la perte potentielle sur un actif de référence (obligation, prêt bancaire) qui pourrait résulter d'incidents de crédit, comme le défaut de paiement, la faillite, l'insolvabilité, la dégradation de la notation de l'actif[1]. L'acheteur de protection verse une prime en échange d'un paiement en cas d'incident de crédit. La commission est généralement exprimée

---

1. Les « événements » qui peuvent survenir sont déterminés à l'avance dans le contrat.

en points de base du montant notionnel total de la transaction. Les swaps sur défaillance constituent le plus grand segment du marché mondial des produits dérivés de crédit.

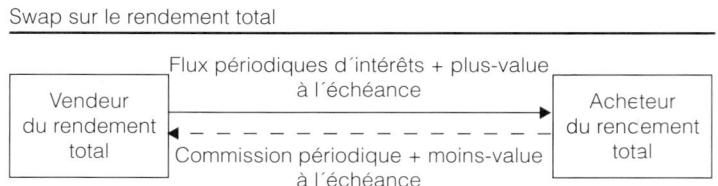

Graphique 4 – Swap sur le rendement total

Le swap sur le rendement total permet de transférer à un tiers le rendement et le risque associés à un actif de référence. La partie qui se porte acheteur du rendement total verse une commission périodique au vendeur qui lui cède en retour le rendement total de l'actif de référence, le « rendement total » étant entendu comme l'ensemble des paiements d'intérêts sur l'actif de référence, ainsi qu'un montant fondé sur la variation de la valeur marchande de l'actif. Si le cours de l'actif monte, l'acheteur du rendement total reçoit un montant égal à la plus-value ; si le cours baisse, il paie un montant égal à la moins-value. Si un incident de crédit intervient avant l'échéance du contrat, le swap sur le rendement total expire et le règlement intervient immédiatement.

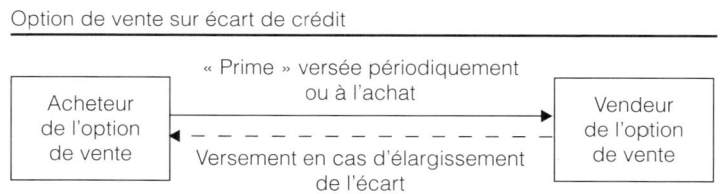

Graphique 5 – Option de vente sur *spread* de crédit

L'option de vente sur écart de crédit offre une protection contre une dévalorisation de l'actif de référence qui n'est pas liée à l'évolution de la courbe des taux d'intérêt, mais au différentiel de rendement par rapport à une obligation de référence (en général une obligation d'État). Il s'agit donc d'un swap de défaillance dans lequel l'incident de crédit est l'élargissement du *spread*. Contrairement à ce qui se passe avec un swap sur défaillance ou un swap sur le rendement total, la contrepartie n'a pas à définir précisément les incidents de crédit. Le versement intervient quelle que soit la cause de l'élargissement de l'écart. En général, l'acheteur de l'option de vente paie une prime initiale au vendeur de l'option en échange d'un engagement de paiement si l'écart dépasse un seuil préétabli.

En pratique

Il est également possible de combiner un swap de défaillance avec un titre à revenu fixe classique. L'émetteur d'un tel titre verse périodiquement un coupon qui reproduit la performance d'un actif de référence. L'acheteur du titre paie à l'émission le nominal de l'emprunt, et, à l'échéance, l'émetteur lui rembourse la totalité du principal, plus un montant (positif ou négatif) d'ajustement du capital, égal au changement de valeur de l'actif sous-jacent pendant la durée du contrat. C'est donc l'acheteur du titre qui supporte le risque de défaut de l'emprunteur de référence. Il existe également des *credit index-linked notes* dont les coupons sont liés à la performance d'un indice de crédit.

Les techniques utilisées par les hedge funds

L'achat et la vente au comptant

L'achat et la vente d'un titre au comptant sont les deux opérations courantes de la gestion traditionnelle d'un portefeuille.

Dans le cas de l'achat de titre, l'investisseur – dont on suppose qu'il détient les liquidités nécessaires pour réaliser la transaction – livre une certaine quantité de liquidités et il reçoit en échange le titre. Le graphique ci-dessous retrace les flux correspondants à cet achat de titre.

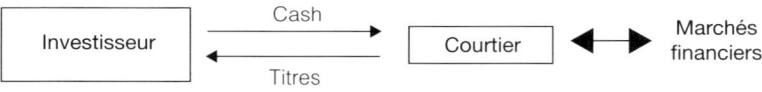

Graphique 6 – Achat au comptant

Dans le cas de la vente de titre, l'investisseur – dont on suppose qu'il détient le titre dans son portefeuille – livre le titre et il reçoit en échange une certaine quantité de liquidités. Le graphique ci-dessous retrace les flux correspondants à cette vente de titre.

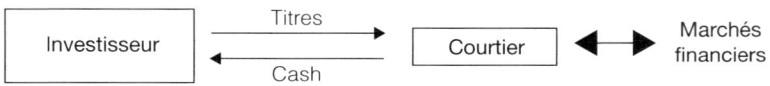

Graphique 7 – Vente au comptant

Les gérants traditionnels – et, *a fortiori*, les « petits porteurs » – limitent en général leurs opérations à des achats et des ventes de titres au comptant. Ils règlent immédiatement leurs achats au moyen des liquidités dont ils disposent, et ils ne vendent que des titres qu'ils détiennent dans leurs portefeuilles.

On voit aisément les limites d'une telle gestion :

– si le gérant anticipe correctement la hausse d'un titre, il peut en tirer profit s'il dispose immédiatement des liquidités nécessaires, mais il ne peut pas tirer parti de son anticipation haussière dans le cas contraire ;

– si le gérant anticipe correctement la baisse d'un titre, il peut limiter ses pertes en vendant le titre s'il le détient déjà dans son portefeuille, mais il ne peut pas tirer parti de son anticipation baissière s'il ne possède pas le titre ;

– si le gérant anticipe une hausse générale du marché, il ne peut pas augmenter son exposition au marché au-delà du capital dont il dispose. Inversement, s'il anticipe une baisse générale du marché, il lui est difficile d'échapper à cette baisse en réduisant totalement son exposition au risque de marché, c'est-à-dire en vendant tous ses titres pour se réfugier dans des liquidités.

Les gérants alternatifs cherchent au contraire à profiter des situations évoquées précédemment en utilisant deux autres types d'opérations : l'achat sur marge et la vente à découvert.

L'achat sur marge (*buying on margin*)

L'opération d'achat sur marge équivaut à un achat de titres dont le financement est assuré pour une part par un crédit. L'investisseur achète les titres, en partie avec ses fonds propres – la somme versée par l'investisseur s'appelle **la marge** et elle est déposée sur le **compte de marge** (*margin account*) – et en partie avec un prêt que lui accorde son courtier.

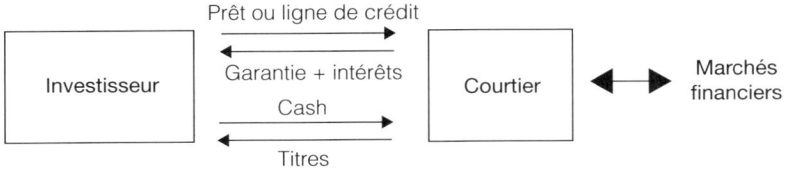

Graphique 8 – Achat sur marge

Dans la pratique, le courtier fixe un taux de marge initial minimum[1] qui correspond au pourcentage de la valeur marchande des titres achetés que l'investisseur doit déposer sur son compte de marge avant de pouvoir effectuer un achat sur marge.

---

1. Le taux de marge minimum est fixé par les autorités réglementaires de chaque pays, mais chaque courtier a le droit d'appliquer un taux de marge plus élevé à ses investisseurs.

Le taux de marge appliqué par un courtier canadien

Produits	Avance maximale de CDBN* (Financement) (en % de la valeur au marché)
Action à 5 $ et plus**	70
Action à 2 $ et plus	50
Action à moins de 2 $	aucune avance possible
Fonds communs canadiens, en $CDN ou $US	50 (marché monétaire aussi)
Obligations du gouvernement canadien	96
Obligations provinciales	95
Obligations de municipalités canadiennes	95
Obligations corporatives canadiennes	50
Coupons détachés	98
NatOption, produits indiciels	approximativement 94
Placements Québec	0
Obligation à prime du Canada et Obligation d'épargne du Canada	0
Papier commercial canadien	90
Bons du Trésor canadiens ou américains	96

* Courtage direct Banque nationale peut exiger, dans certaines circonstances, des couvertures plus élevées. Ces taux s'appliquent au moment de l'opération initiale. Si le cours de l'action achetée sur marge baisse, l'avance du courtier s'en trouve diminuée et l'investisseur doit alors verser une couverture supplémentaire.

** Titres pouvant faire l'objet d'une couverture réduite seulement. Des critères de liquidité élevée et de faible volatilité font partie des critères servant à déterminer quels sont les titres admissibles à une couverture réduite.

Pour financer un achat de titres de 20 000 euros avec un taux de marge initial de 50 %, l'investisseur doit faire une mise de fonds de 10 000 euros et le solde, 10 000 euros, est apporté par le courtier[1]. Le courtier prend le risque de voir baisser la valeur des titres détenus en garantie : si la valeur des titres tombe à 15 000 euros, le prêt du courtier est inchangé à 10 000 euros, mais la marge de l'investisseur n'est plus que de 5 000 euros, soit un taux de marge de 33,33 % au lieu des 50 % initiaux. Que se passe-t-il si le cours des titres achetés continue de baisser ?

Pour se prémunir contre ce risque, le courtier a donc fixé un « taux de marge de maintenance » (*maintenance margin*) qui correspond au pourcentage minimum de la valeur marchande des titres que l'investisseur doit maintenir en permanence sur son compte de marge. Si ce taux de marge minimum est atteint, l'investisseur reçoit un appel de marge (*margin call*) auquel il doit répondre par un apport de fonds propres supplémentaires afin de ramener son taux de marge au niveau du taux de marge initial. Si les fonds ne sont pas apportés, le courtier est en droit de vendre les titres et de saisir tout ou partie du compte de marge. C'est, comme on l'a vu, ce qui s'est passé dans le cas de LTCM et d'Amaranth.

Si le taux de marge de maintenance est fixé à 40 %, la marge de l'investisseur (5 000 euros) est inférieure à la marge de maintenance (40 % de 15 000 euros = 6 000 euros). L'investisseur est tenu d'amener 2 500 euros d'argent frais pour revenir à la marge initiale de 50 %.

La situation s'inverse si le cours des titres achetés augmente : la marge de l'investisseur augmente et l'investisseur peut, s'il le désire, retirer l'excédent de son compte de marge. Si la valeur des titres passe à 30 000 euros, la marge de l'investisseur passe à 20 000 euros, soit un taux de marge de 66,66 % supérieur au taux de marge initial. L'investisseur peut utiliser l'excédent de 5 000 euros pour financer d'autres opérations chez le même courtier. Le graphique 9 décrit l'évolution journalière d'un compte de marge.

---

1. Le courtier détient en garantie les titres achetés par l'investisseur.

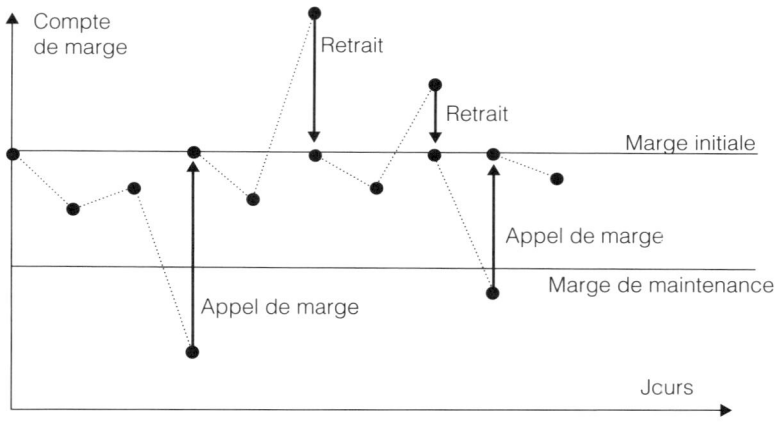

Graphique 9 – L'évolution d'un compte de marge

L'achat sur marge est donc une stratégie très spéculative qui permet à un investisseur d'acheter plus de titres qu'il engage de fonds propres, d'où une rentabilité accrue de ses fonds en cas de hausse des cours. Dans l'exemple précité, une hausse des cours de 20 000 euros à 25 000 euros, soit 25 %, se traduit par une performance de 50 % pour l'investisseur, car son capital est passé de 10 000 à 20 000 euros. Mais en cas de chute des cours, la perte est également amplifiée. Une baisse des cours de 20 000 euros à 15 000 euros, soit 25 %, se traduit par une performance de –50 %, car son capital est passé de 10 000 à 5 000 euros.

Le prêt de titres (*securities lending*)

Les prêts de titres existent depuis longtemps sur les marchés financiers américains[1] et ils se sont développés en Europe et au Japon dans les années 1990 à la suite de la publication en 1989 d'un

---

1. Le prêt de titres existe depuis le XIXe siècle, mais le marché moderne apparaît dans les années 1960 aux États-Unis.

rapport du Groupe des Trente[1] qui recommandait aux gouvernements et aux autorités réglementaires de faciliter le prêt de titres pour améliorer la liquidité des marchés financiers et l'efficacité des politiques monétaires. Pour que les prêts de titres soient réalisables, il faut que le règlement-livraison des opérations sur les valeurs mobilières se fasse le plus rapidement possible de façon à éviter les conséquences du défaut de livraison d'une contrepartie.

L'opération de prêt de titres est simple. Un investisseur prête temporairement des valeurs mobilières qu'il détient en portefeuille[2]. Sa contrepartie s'engage à lui restituer au terme convenu un nombre équivalent de valeurs de même nature et de même qualité, et à lui payer une commission préalablement convenue. Dans l'intervalle, la contrepartie peut disposer librement des titres dont elle est devenue propriétaire.

En pratique, un intermédiaire financier – courtier ou banque d'investissement – s'interpose généralement entre le prêteur et l'emprunteur.

Les plus grands courtiers de titres sont State Street Corporation[3] sur la côte Est des États-Unis et Charles Schwab[4] sur la côte Ouest. En Europe, la Dresdner Bank et UBS sont également d'importants « security lenders ».

Les prêteurs de titres sont essentiellement des établissements de crédit, des compagnies d'assurances, des fonds de retraite (*pension funds*) et des OPCVM. L'opération de prêts permet à ces institutions

---

1. Le Groupe des Trente est une institution privée, internationale, à but non lucratif, créée en 1982, dont l'objectif est d'améliorer la compréhension des questions financières et économiques internationales. Parmi les membres actuels figure Jean-Claude Trichet, président de la Banque centrale européenne. *www.group30.org*
2. Il faut bien entendu que les titres soient susceptibles d'être prêtés et que le prêteur en soit propriétaire ou qu'il soit autorisé à les prêter.
3. State Street Corporation, 225, Franklin Street, Boston, MA 02110. *www.statestreet.com*
4. Charles Schwab Corporation, 101, Montgomery St., San Francisco, CA 94104. *www.schwab.com*

qui disposent en permanence d'importants portefeuilles de titres de rentabiliser de façon simple ces positions inactives puisqu'elles touchent ainsi des commissions. Les commissions à payer pour l'emprunt de titres correspondent à un pourcentage de la valeur des titres qui est fonction de la durée du prêt – quelques jours au maximum –, de la nature des titres empruntés, de la qualité de la contrepartie, des conditions de marché et du risque encouru. En général, les intérêts versés sont faibles, entre 0,25 % et 1 % de la valeur des titres prêtés en moyenne annuelle, ce qui ne fait au maximum que quelques points de base sur une journée.

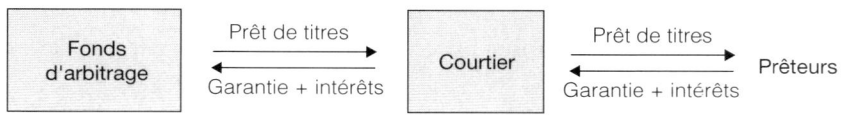

Graphique 10 – Le rôle du courtier dans le prêt de titres

En échange de ce rendement, les prêteurs de titres supportent des risques. Le risque plus important est évidemment le risque de contrepartie, c'est-à-dire le risque de ne pas se voir restituer les titres à l'échéance en raison d'une défaillance de l'emprunteur. Sur les marchés organisés, un système de marge initial et d'appels de marge permet de se prémunir contre le risque de contrepartie. Les prêteurs de titres supportent également un risque de liquidité, puisqu'ils sont dans l'impossibilité de vendre leurs titres pendant la durée du prêt pour profiter d'une hausse des cours[1].

Comme les investisseurs combinent souvent l'emprunt de titres et la vente à découvert (voir ci-après), ils ne disposent plus des titres empruntés et ils sont donc exposés :

– au risque de marché, c'est-à-dire qu'ils peuvent être contraints de racheter les titres à un cours plus élevé ;

---

1. Les prêteurs de titres peuvent néanmoins à tout moment décider de reprendre leurs titres, ce qui oblige les emprunteurs à les restituer, au besoin en les rachetant sur le marché.

— au risque de liquidité, c'est-à-dire qu'ils peuvent être dans l'impossibilité de racheter les titres sur le marché qui se trouve momentanément déséquilibré.

La vente à découvert (*short selling*)

La vente à découvert est une opération spéculative que l'investisseur réalise quand il anticipe la baisse du prix d'une valeur. L'investisseur emprunte le titre à un courtier en s'engageant à le restituer ultérieurement, et il vend le titre dont il n'est propriétaire que temporairement. Si, comme anticipé, le prix du titre baisse, l'investisseur réalise un profit puisqu'il est en mesure de racheter le titre à un prix inférieur pour le restituer au courtier. Si au contraire le prix du titre augmente, l'investisseur subit une perte puisqu'il rachète le titre plus cher qu'il ne l'a vendu.

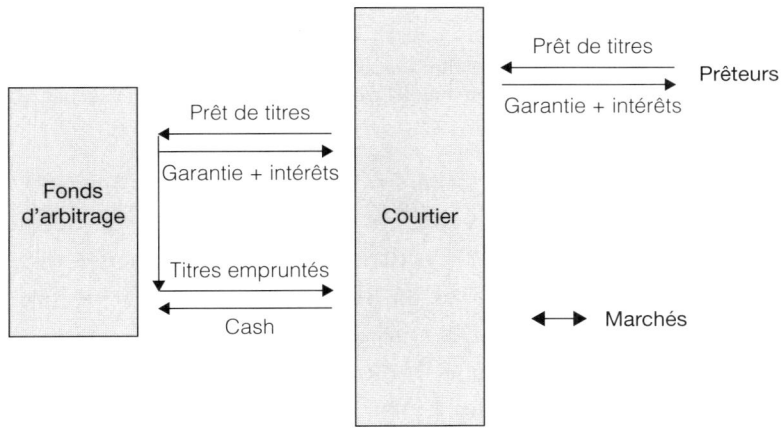

Graphique 11 – La vente à découvert

Le courtier s'assure de la restitution des titres empruntés en exigeant une couverture sous la forme d'un compte de marge, comme dans le cas du prêt de titres. L'investisseur y dépose le produit de la vente des titres, auquel s'ajoute un certain pourcentage qui varie suivant la qualité des titres vendus. Le tableau ci-dessous illustre les exigences de marges relatives aux positions à découvert chez un courtier en ligne. En cas de hausse des cours, le courtier procède à un appel de marge, comme dans le cas du prêt de titres.

Les exigences de marge pour des ventes à découvert

Soldes créditeurs minimaux exigés	
Catégorie de titres	**Couverture minimale exigée en % de la valeur marchande**
Titres de 5,00 $ et plus pouvant faire l'objet d'options	130
Titres se négociant à 2,00 $ et plus	150
Titres se négociant entre 1,50 $ et 1,99 $	3 $ par action
Titres se négociant entre 0,25 $ et 1,49 $	200
Titres se négociant à moins de 0,25 $	100 plus 0,25 $ par action

* Les ventes à découvert ne peuvent être exécutées si les titres ont une valeur de moins de 3 $, cependant, les positions à découvert existantes peuvent être maintenues si leur valeur descend en bas de 3 $.

La *Securities and Exchange Commission* a éliminé le 18 mai 2007 la règle qui n'autorisait les ventes à découvert que si la dernière variation constatée du cours du titre vendu était à la hausse (*uptick rule*). Depuis plusieurs années, la SEC avait évoqué la possibilité de supprimer cette règle et elle avait fait des tests pour voir comment le cours des valeurs évoluait si la règle n'était pas appliquée. Les résultats ont montré qu'il n'y avait pas de différence substantielle dans l'évolution et les responsables de la SEC ont voté à l'unanimité pour l'abolition de la *uptick rule*.

Les critiques de la vente à découvert

Les ventes à découvert font régulièrement l'objet de critiques depuis le XVIIe siècle, en fait à chaque fois qu'il y a une chute importante de la valeur d'un titre ou d'une monnaie, et les attaques se font encore plus stridentes lorsque se produit une crise boursière. Dès 1609, la Compagnie hollandaise des Indes orientales demande la protection du gouvernement contre les attaques des « *short sellers* » qui font du tort à « des actionnaires innocents, parmi lesquels nombre de veuves et d'orphelins ». Les édiles de la Bourse d'Amsterdam ont beau soutenir que la baisse du cours des actions de la Compagnie hollandaise des Indes orientales est due à ses mauvais résultats, les ventes à découvert sont interdites en 1610 et à nouveau en 1621.

Lorsque les marchés boursiers se développent en Grande-Bretagne et en France au XVIIIe siècle, les autorités nationales réagissent de façon similaire. Au début de l'année 1720, le cours des actions de la Compagnie perpétuelle des Indes de John Law passe de 500 livres à 15 000 livres avant de redescendre à 500 livres en 1721. Les vendeurs à découvert subissent de fortes amendes et les ventes à découvert sont désormais interdites. On assiste à la même époque en Grande-Bretagne à l'essor étonnant puis à l'effondrement de la South Sea Company, dont les cours passent de 100 livres à près de 1 000 livres au début de l'année 1720 pour redescendre brutalement à 100 livres en fin d'année. En 1733, le Parlement anglais adopte donc une loi qui interdit la pratique des *futures*, des options et de la vente à découvert de valeurs mobilières.

Les arguments en faveur du *short selling*

De façon à dissiper les mythes, J. Edward Meeker, l'économiste du New York Stock Exchange, publie en 1932 un ouvrage intitulé tout simplement *Short Selling*[1]. Meeker démontre que ce ne sont pas les ventes à découvert qui ont déclenché le krach (*crash*). En octobre 1929 et mai 1931, les ventes à découvert n'ont jamais atteint un pour cent des transactions totales[2]. C'est la liquidation de positions longues qui constitue la cause principale de la chute.

---

1. J. Edward Meeker, *Short Selling*, Harper & Brothers Publishers, New York, 1932.
2. À titre de comparaison, les ventes à découvert portaient sur 3,1 % des valeurs du NYSE en mai 2007, soit 11,8 milliards de titres.

Les ventes forcées des acheteurs sur marge ont également contribué au déclin. Meeker rejette successivement les accusations selon lesquelles les ventes à terme :

– sont illégitimes parce qu'on n'a pas le droit de vendre ce qu'on ne possède pas ;

– créent une offre fictive de titres qui fait baisser les prix ;

– engendrent des fluctuations de prix plus importantes ;

– sont pratiquées par des initiés qui trompent le grand public ;

– constituent une atteinte aux droits des actionnaires.

Meeker explique qu'au contraire les vendeurs à découvert stabilisent les prix en fournissant de la liquidité et en créant de la demande lorsque le marché baisse. La vente à découvert est tout aussi légitime que les autres contrats car elle est simplement une opération miroir de l'achat sur marge : l'acheteur sur marge emprunte de l'argent pour acheter un titre et le vendeur à découvert emprunte un titre pour obtenir de l'argent. L'acheteur sur marge clôt sa position en remboursant le prêt d'argent grâce à la vente du titre ; le vendeur à découvert clôt sa position en achetant le titre et en le rendant au prêteur. « *Il est tout aussi légitime d'emprunter un titre quand on anticipe une baisse, que d'emprunter de l'argent quand on anticipe une hausse.* »

Meeker démontre que la vente à découvert ne peut pas pénaliser les actionnaires puisque « *la seule propriété qui pourrait être diminuée par la vente à découvert est une valorisation excessive dont le propriétaire du titre n'est en aucune façon le détenteur* ». Il montre également la différence fondamentale qui existe entre la vente à découvert et la manipulation des cours et il affirme qu'un marché sans vendeurs à découvert est beaucoup plus soumis à la manipulation des cours[1].

« *La vente à découvert est en réalité l'expression d'une opinion, sujette à un risque personnel, sur la valeur des titres. (...) La vente à découvert n'exerce aucun effet sur les actifs et le pouvoir d'achat des*

---

1. Les ventes à découvert sont officiellement interdites sur les marchés financiers émergents.

entreprises, même s'il s'agit de banques. Elle ne peut pas déterminer la valeur des titres ; elle ne fait qu'estimer ce que seront les valeurs prospectives. »

La suppression de la *uptick rule*

Aucune législation spécifique ne sera donc adoptée visant à interdire les ventes à découvert à Wall Street, mais en 1938 la *Securities and Exchange Commission* adopte une règle qui interdit la vente à découvert si le cours du titre vendu n'est pas orienté à la hausse. Le but recherché était d'empêcher des ventes à découvert massives de faire chuter brutalement un titre.

La combinaison *long/short* : la technique fondamentale de A. W. Jones

Les opérations d'achat, de vente, d'achat sur marge et de vente à découvert permettent de spéculer à la hausse ou à la baisse, mais l'efficacité des deux dernières opérations est multipliée (effet de levier) lorsqu'elles sont combinées.

Pour comprendre l'intérêt d'une combinaison *long/short*, on suppose qu'un fonds d'arbitrage dispose de 1 000 euros de fonds propres, immédiatement disponibles sous forme de liquidités. Le gérant du fonds identifie dans le secteur du BTP deux opportunités d'investissement. Il considère qu'à 56,80 euros, le titre Vinci est sous-évalué, alors qu'à 98,93 euros le titre Eiffage est surévalué[1]. Par l'intermédiaire d'un courtier chez lequel il a ouvert un compte et déposé le capital du fonds, le gérant achète 17 actions Vinci et vend à découvert 10 actions Eiffage. L'achat de Vinci permettra de réaliser un profit si, conformément aux anticipations du gérant, le titre Vinci s'apprécie. La vente à découvert d'Eiffage permettra de réaliser un profit si, conformément aux anticipations du gérant, le titre Eiffage recule.

---

1. Cours de la séance du 18 juin 2007.

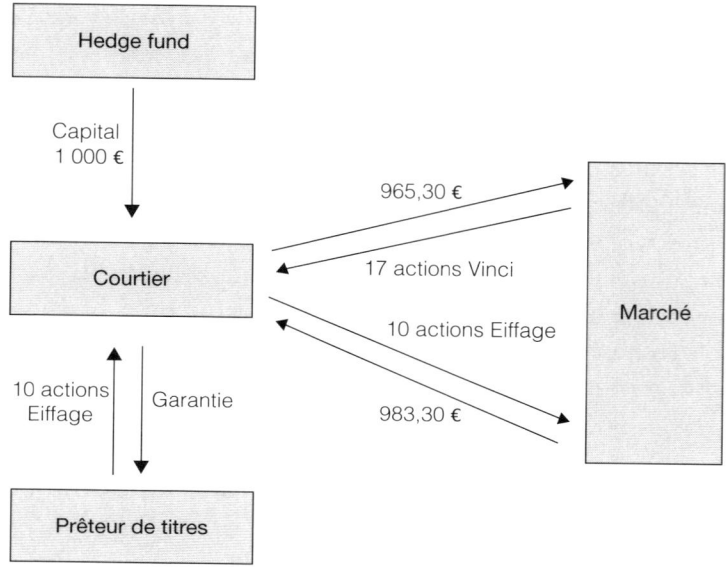

Graphique 12 – La stratégie *long/short*

En termes de flux, l'achat des actions Vinci coûte 965,60 euros, et la vente à découvert des actions Eiffage rapporte 983,30 euros. Le gérant dispose donc d'un montant en liquidité égal à 1 023,70 euros (le capital initial, moins les achats, plus les ventes)[1], et il détient donc au total un « portefeuille » composé de :

- 1 023,70 euros en cash qui rapportent au minimum le taux sans risque ;
- 965,60 euros engagés sur une hausse du titre Vinci ;
- 983,30 euros engagés sur une baisse du titre Eiffage ;

Soit au total 2 972,60 euros, c'est-à-dire un **effet de levier** de près de 3 : trois euros d'engagement pour un euro de fonds propres. On constate que l'effet de levier est ici la conséquence

---

1. Dans la pratique, il faut bien entendu tenir compte des frais de transaction et des garanties demandées par le courtier.

naturelle de la stratégie mise en place par le fonds d'arbitrage et qu'elle ne provient pas du recours à l'endettement : il n'y a eu aucun emprunt d'argent, aucun prêt bancaire.

Pour mesurer l'importance des positions prises, on utilise deux paramètres qui sont exprimés en pourcentage par rapport au capital investi :

- l'exposition brute (*gross exposure*) = positions longues + positions courtes ;
- l'exposition nette (*net exposure*) = positions longues − positions courtes.

Dans l'exemple ci-dessus, l'exposition brute est de 195 % et l'exposition nette de −2 % puisque le gérant est plus vendeur qu'acheteur.

Dans la pratique, rien n'empêche le fonds de pratiquer un achat sur marge des actions Vinci, ou d'utiliser ces actions Vinci comme collatéral pour obtenir une ligne de crédit. Le fonds est alors en mesure d'acheter d'autres titres (par exemple Société Générale) qui viendraient en face de titres BNP Paribas vendus à découvert. Le processus peut continuer tant que les courtiers et les banques sont d'accord pour prêter. Gare à l'effondrement : la chute de la valeur d'un seul titre utilisé comme collatéral provoquerait un appel de marge auquel le fonds ne serait pas en mesure de faire face et le conduirait à la liquidation forcée.

Que faut-il retenir ?

Les transactions de base – achat, vente, achat sur marge, emprunt de titres, vente à découvert – constituent le fondement des stratégies utilisées par les gérants de hedge funds.

Il est donc possible à un investisseur individuel de recomposer la quasi-totalité des stratégies alternatives en combinant ces transactions au sein d'un portefeuille. Il faut se souvenir cependant que les commissions des courtiers sur les produits dérivés sont élevées pour les particuliers, et que ces produits (*futures*, options) ont des dates d'expiration régulières qui obligent à des transactions constantes.

Chapitre 5

La théorie financière contemporaine

Il faut qu'il y ait plus de délits d'initiés. Il faut que ceux qui sont les plus au fait des déficiences d'une entreprise soient incités à en informer le public.

Milton Friedman, 31 juillet 1912 – 16 novembre 2006, a obtenu le « Bank of Sweden Prize in Economic Sciences in Memory of Alfred Nobel » en 1976.

Les marchés sont-ils efficients ?

Le concept d'efficience

Pour la théorie de la finance, le concept d'efficience des marchés (EMH) signifie que les marchés financiers sont « informationnellement efficients[1] », c'est-à-dire que les prix des actifs échangés sur les marchés, que ce soient des actions, des obligations ou des titres de propriété, reflètent toute l'information connue et qu'ils sont donc « sans biais » au sens où ils reflètent les opinions collectives des investisseurs sur les perspectives futures. Le concept a été développé par Eugène Fama dans sa thèse de doctorat soutenue au début des années 1960 à l'université de Chicago[2].

Le concept d'efficience des marchés (EMH) affirme qu'il n'est pas possible d'obtenir régulièrement des résultats supérieurs au marché en utilisant l'information dont le marché dispose déjà, sauf par un coup de chance. L'information (les *news*) regroupe tout ce qui peut affecter les prix, qui ne peut pas être connu aujourd'hui et qui apparaît donc de façon aléatoire dans le futur.

---

1. L'efficience informationnelle mesure la rapidité et la précision avec lesquelles les prix sur un marché reflètent les nouvelles informations.
2. La conclusion de la thèse de Fama est que les variations des prix des actions sont imprévisibles et qu'elles suivent une marche aléatoire (*random walk*).

Il est possible de « battre le marché » lorsqu'il est émergent

En 1790, peu de temps après l'adoption de la Constitution américaine, le secrétaire d'État au Trésor, Alexander Hamilton, propose que le Congrès amortisse à leur valeur faciale les quelque 80 millions de dollars de titres émis par les treize États et le gouvernement fédéral. À cette époque, ces titres se vendent à des prix largement inférieurs à leur valeur nominale, car chacun se demande s'ils seront honorés un jour par leurs émetteurs. Dès que la décision de Hamilton est rendue publique dans l'enceinte du Congrès, mais avant qu'elle soit adoptée officiellement et connue du grand public, certains membres du Congrès et d'autres personnes qui ont été tenues au courant du plan de remboursement, envoient leurs agents battre la campagne pour racheter les titres à des prix sacrifiés. Ils réalisent ainsi d'énormes profits aux dépens des détenteurs de titres qui n'avaient pas encore entendu parler de la décision du Congrès.

Les agents rationnels

Le concept d'efficience des marchés présuppose que les agents économiques maximisent leur utilité, qu'ils forment des anticipations rationnelles, qu'en moyenne l'ensemble des agents ne se trompe pas – même si chaque agent se trompe – et que chaque fois qu'une nouvelle information pertinente apparaît, les agents modifient en conséquence leurs anticipations.

Il faut souligner que la théorie de l'efficience des marchés ne suppose pas que les agents sont nécessairement rationnels : face à une information nouvelle, ils peuvent réagir excessivement ou insuffisamment. Il suffit que les réactions des investisseurs soient aléatoires et qu'elles suivent une loi de distribution normale pour que l'effet total de ces réactions sur les prix ne puisse pas être exploité de manière fiable pour réaliser un profit anormal, en particulier si on tient compte des coûts de transaction comme les commissions. En résumé, chaque agent peut se tromper quant à son estimation du marché, mais le marché dans son ensemble ne se trompe jamais et on ne peut pas le battre !

Efficience et information

Reprenant la terminologie proposée par Fama, la théorie financière distingue principalement trois niveaux d'efficience (faible, semi-forte et forte), chacune d'entre elles différant par le type d'information retenu et par les implications concernant le fonctionnement des marchés.

L'efficience faible affirme qu'il n'est pas possible d'obtenir des rendements supérieurs au marché (*excess returns*) en utilisant des stratégies d'investissement fondées sur les évolutions passées des prix ou d'autres données financières – ce qu'on appelle l'information historique. Les techniques d'analyse technique ne sont donc pas capables de réaliser régulièrement des rendements supérieurs au marché, mais l'analyse fondamentale pourrait être utilisée pour dénicher des titres sur/sous-évalués.

L'efficience semi-forte affirme que les techniques d'analyse fondamentale ne peuvent pas permettre de réaliser durablement des rendements supérieurs au marché, mais qu'il est possible que les ajustements qui s'opèrent, lorsqu'il y a de l'information publique nouvelle, ne soient pas immédiats et sans biais. Il peut donc y avoir temporairement des inefficacités exploitables par certains intervenants.

L'efficacité forte postule que les prix reflètent toute l'information et que personne ne peut obtenir des rendements supérieurs au marché. Toutefois, s'il y a des obstacles réglementaires qui empêchent l'information privée de devenir publique, la possession d'informations confidentielles empêche l'efficience forte. Il peut y avoir ainsi régulièrement des gérants de fonds qui battent le marché sans que cela réfute l'efficience du marché : compte tenu de l'existence de dizaines de milliers de fonds au niveau mondial, une distribution normale des rendements doit nécessairement produire quelques dizaines de « gérants stars ».

Les critiques de l'*Efficient Market Hypothesis* (EMH)

Les participants aux marchés financiers, mais aussi certains théoriciens de la finance, ne se privent pas de souligner les écarts constatés entre la théorie et les marchés réels. Dans les dernières phases d'un marché haussier (*bull market*) et d'un marché baissier (*bear market*)[1], le marché est dirigé par des acheteurs ou des vendeurs qui ne semblent guère se soucier de la valeur sous-jacente des titres, telle qu'elle ressort de fondamentaux comme le *forward price-to-earnings ratio* (P/E)[2]. L'exemple du NASDAQ en mars 2000 semble être, à première vue, une réfutation de la théorie du marché efficient.

On pourrait penser que des participants rationnels devraient toujours profiter immédiatement des prix artificiellement élevés ou artificiellement bas en prenant des positions opposées aux décisions irrationnelles des autres agents. En général, ce n'est cependant pas suffisant pour empêcher des bulles ou des krachs de se produire. On pourrait donc en déduire que de nombreux participants rationnels sont conscients de l'irrationalité du marché lors de ces situations extrêmes, mais qu'ils ne cherchent pas à s'opposer à la tendance du marché tant qu'ils ne sont pas convaincus que le marché est en train de revenir à sa valeur normale. Lorsqu'ils prennent des positions sur le marché, les participants ne seraient donc pas guidés par le niveau (bon marché ou coûteux) des prix, mais par le fait qu'ils pensent que la tendance est à la hausse ou à la baisse.

S'opposer à la tendance du marché peut d'ailleurs être dangereux : en 1996, Alan Greenspan, alors président de la Réserve fédérale, utilise l'expression « exubérance irrationnelle » pour indiquer de façon indirecte que les marchés sont peut-être surévalués, mais les

---

1. Un marché haussier correspond à une période prolongée pendant laquelle les prix d'un marché financier montent plus rapidement que leur tendance historique, par opposition à un marché baissier qui correspond à une période prolongée pendant laquelle les prix baissent.
2. Le prix d'une action d'une société divisé par les bénéfices par action (BPA) de cette société. Le rapport est également appelé le « multiple ». Le P/E ratio peut être calculé en utilisant les bénéfices annoncés de l'année précédente (*trailing P/E*) ou utiliser les prévisions des analystes sur les bénéfices de l'année prochaine (*forward P/E*).

traders qui vendent à découvert jusqu'en 2000 les valeurs de la « nouvelle économie » subissent régulièrement des pertes, car les prix des actions poursuivent leur ascension vers des niveaux encore plus extraordinaires.

Les défenseurs de l'EMH peuvent toutefois rétorquer que, lorsqu'on les étudie sur des périodes suffisamment longues, les résultats des fonds gérés activement sont toujours inférieurs aux résultats moyens des marchés. Dans la mesure où les marchés ne sont pas parfaitement efficients, les bénéfices procurés par la découverte de ces inefficiences seraient plus que compensés par les coûts de recherche et de capture de ces anomalies. Ce sont d'ailleurs les résultats de la gestion active qui ont donné naissance à partir de 1975 à l'industrie des fonds indiciels à gestion passive[1].

Les critiques de l'EMH s'appuient également sur le fait qu'il existe un petit nombre d'investisseurs qui réussissent à « battre le marché » sur de longues périodes, d'une façon qui est difficilement imputable au facteur chance. Les stratégies d'investisseurs comme George Soros et Warren Buffett consistent dans une large mesure à identifier des marchés où les prix ne reflètent pas correctement l'information disponible, ce qui semble en contradiction directe avec le concept de marché efficient qui présuppose que de telles opportunités n'existent pas. Buffett s'est d'ailleurs moqué de l'EMH : « *J'aurais fini comme un mendiant avec une sébile si les marchés étaient toujours efficients !* ».

Il n'empêche que, dans les classements réalisés aux États-Unis et en Europe, la gestion traditionnelle active[2] est régulièrement battue par les fonds indiciels[3]. De leur côté, les gestionnaires de hedge

---

1. Les fonds indiciels sont apparus en 1975, et ils gèrent désormais plus de 4 000 milliards de dollars d'actifs.
2. La gestion traditionnelle active s'appuie sur la sélection des titres, sur le choix des secteurs et sur la capacité à intervenir au bon moment. Les hedge funds adoptent également une gestion active, mais ils affirment que leur objectif est de réaliser une performance indépendante (décorrélée) de l'évolution des marchés financiers. Il s'agit de la gestion alternative à laquelle ce livre est consacré.
3. Voir, par exemple, le classement Europerformance. *www.europerformance.fr*

funds et leurs analystes passent leur temps à chercher à faire de l'argent sur des marchés efficients. Leur recherche contribue également à l'efficience de ces marchés parce qu'ils trouvent ainsi de l'information que les autres investisseurs peuvent utiliser.

En dépit des efforts des partisans de l'EMH, comme Burton Malkiel, professeur à Princeton University, dont le livre *A Random Walk Down Wall Street : The Time-Tested Strategy for Successful Investing*, publié en 1973, est un best-seller, ce sont toutefois les articles et les livres qui expliquent que les stratégies actives de *stock picking* permettent, à coup sûr, de « battre le marché » qui tiennent le haut du pavé.

Le grand public rejette l'EMH le plus souvent pour des raisons de mauvaise compréhension de la théorie. Pour lui, le concept de marché efficient signifie que le prix d'une action est une représentation correcte de la valeur future de l'entreprise, en d'autres termes, que le prix actuel de cette action prédit les résultats futurs de l'entreprise. Comme dans de nombreux cas, les prix des actions à un moment donné ne reflètent pas les résultats futurs de l'entreprise, le concept de marché efficient apparaît visiblement faux. En fait, l'EMH dit simplement que le prix d'une action représente l'agrégation des probabilités de tous les revenus futurs de l'entreprise, probabilités fondées sur la meilleure information disponible à ce jour. L'estimation de la performance de l'entreprise faite aujourd'hui sur la base de l'information publique peut donc se révéler totalement inexacte, sans pour autant que le concept de marché efficient soit invalidé.

Risque et rendement ou comment optimiser son portefeuille ?

L'objectif prioritaire de tout investisseur (et donc d'un hedge fund) est de réduire le risque de son investissement et d'en augmenter le rendement. Mais les investisseurs sophistiqués envisagent le risque et le rendement d'une façon différente de celle du commun des mortels. Même si les hedge funds n'utilisent pas tous en pratique les principes de la théorie financière, comprendre la théorie moderne du portefeuille est indispensable pour savoir comment investir.

La théorie moderne du portefeuille

La théorie moderne de portefeuille explique comment il est possible à un investisseur rationnel d'utiliser la diversification pour optimiser son portefeuille d'actifs financiers.

On doit l'introduction de cette théorie qui a eu un impact prodigieux sur la gestion d'actifs à l'économiste américain Harry Markowitz dont l'article précurseur « Portfolio Selection » a été publié en mars 1952 dans le *Journal of Finance*.

Avant les travaux de Markowitz, les investisseurs se contentaient d'évaluer les risques et les rendements de chacun des titres pour constituer leurs portefeuilles. Le conseil habituellement prodigué était de trouver les titres offrant le meilleur couple risque/rendement et d'en constituer un portefeuille. Si les actions de sociétés ferroviaires offrent de bonnes caractéristiques risque/rendement, un investisseur peut donc en conclure qu'il a intérêt à constituer son portefeuille uniquement avec de telles valeurs. Il sait toutefois de manière intuitive que c'est dangereux, en vertu du vieil adage « il ne faut pas mettre tous ses œufs dans le même panier ». Notre investisseur ne dispose toutefois d'aucune méthode lui permettant de déterminer l'impact de la diversification sur le risque de son portefeuille, puisqu'il n'existe pas de méthode permettant de mesurer le risque d'un portefeuille.

Markowitz propose une méthode de calcul de la diversification qui permet aux investisseurs de sélectionner des portefeuilles en fonction de leurs caractéristiques globales risque/rendement au lieu de construire des portefeuilles en ajoutant des titres qui ont chacun des caractéristiques intéressantes en matière de rendement et de risque. Le titre de l'article de 1952 s'explique ainsi parfaitement : il convient de sélectionner des portefeuilles et non des valeurs particulières.

Les hypothèses de base de Markowitz ne sont pas nombreuses : les marchés financiers sont efficients, l'investisseur a une certaine aversion pour le risque, la mesure du risque d'un actif financier est donnée par sa volatilité[1].

Il devient ainsi théoriquement facile[2] de calculer le rendement attendu et la volatilité d'un portefeuille qui est constitué de titres dont on connaît le rendement attendu, la volatilité et les coefficients de corrélation. Le rendement d'un portefeuille est tout naturellement une combinaison linéaire du rendement des actifs qui le composent et la volatilité d'un portefeuille est une fonction de la volatilité de chacun des actifs et de la corrélation entre les variations de ces différents actifs[3].

Un investisseur peut donc rationnellement construire son portefeuille : en fonction du niveau d'espérance de rentabilité qu'il souhaiterait obtenir, il choisit les titres qui minimisent la volatilité du portefeuille. Dans l'ensemble des portefeuilles possibles, seuls certains portefeuilles équilibrent de façon optimale le risque et le rendement : c'est cet ensemble de portefeuilles que Markowitz baptise « frontière efficiente ».

Dans le graphique 1, la région grisée correspond au domaine possible dans l'espace risque/rendement. Pour chaque point de la région grisée, il est possible de sélectionner au moins un portefeuille présentant le risque et le rendement correspondant à ce point. Il n'est pas possible de construire des portefeuilles correspondant à des points à l'extérieur de la zone grisée. La frontière efficiente correspond à la courbe qui enveloppe la région grisée. Les portefeuilles qui sont sur cette courbe sont optimaux au sens où ils offrent le meilleur rendement pour un niveau de risque donné.

---

1. La volatilité est une mesure de l'instabilité du cours d'un actif financier qui utilise l'écart-type des variations historiques de rentabilité. La méthode de calcul de cette approximation du risque peut apparaître discutable puisqu'elle prend pour hypothèse que l'évolution future sera inspirée par l'évolution passée.
2. Plus le nombre d'actifs dont se compose le portefeuille augmente, plus la puissance de calcul nécessaire est énorme.
3. L'idée simple mais géniale de Markowitz est d'appliquer un modèle d'optimisation quadratique bien connu des ingénieurs au monde de la finance.

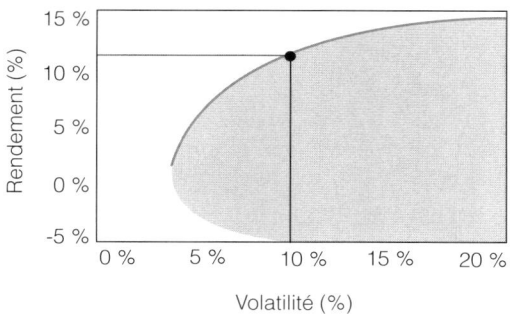

Graphique 1 – La frontière efficiente

Capital Asset Pricing Model

En 1964, William Sharpe, professeur à Stanford University, développe le modèle MPT[1] de Markowitz et propose le « modèle d'évaluation des actifs financiers » (CAPM). Le modèle développé par Sharpe dit que le rendement d'un investissement est une fonction du taux général de rendement du marché.

L'idée de base de Sharpe est qu'un investisseur peut choisir son exposition au risque en combinant l'effet de levier (le recours à l'emprunt) et un portefeuille optimal de titres risqués. Grâce à l'effet de levier, l'investisseur peut construire un portefeuille situé au-dessus de la frontière efficiente. Une combinaison d'actifs sans risque et d'actifs risqués permet ainsi de construire des portefeuilles dont les profils risque/rendement sont supérieurs à ceux qui sont situés sur la frontière d'efficience.

La composition du portefeuille optimal dépend de l'évaluation que l'investisseur fait des performances attendues des différents titres et non de l'attitude spécifique de l'investisseur face au risque. L'aversion au risque de l'investisseur se reflète uniquement dans le choix qu'il fait en combinant un portefeuille risqué et des actifs sans risque (des bons du Trésor par exemple), ou en empruntant ou non.

---

1. *Modern Portfolio Theory.*

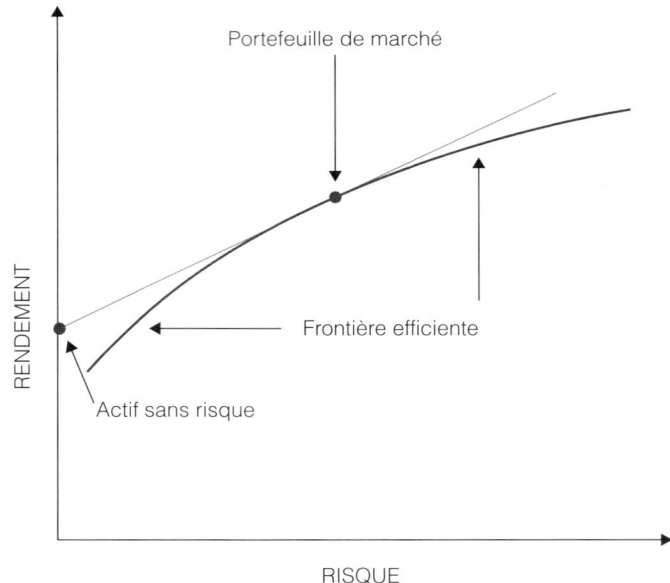

Graphique 2 – Le portefeuille de marché

Si l'investisseur dispose des mêmes informations que les autres investisseurs, il n'a aucune raison de détenir un portefeuille de titres différent de celui des autres : il doit posséder le portefeuille de marché, c'est-à-dire le portefeuille de titres qui possède le ratio de Sharpe[1] le plus élevé.

Bêta : le risque systématique

Comme on l'a vu, le CAPM est une extension de la théorie moderne du portefeuille : le modèle dit simplement que le rendement d'un actif est une fonction du taux de rendement général du marché combinée avec la sensibilité de cet actif à la performance

---

1. Le ratio de Sharpe est utilisé pour mesurer dans quelle proportion le rendement d'un actif compense les risques pris par l'investisseur. Plus le ratio est élevé, meilleur est le portefeuille, puisque c'est celui qui a achevé la meilleure performance au moindre risque.

du marché. Le nombre utilisé pour mesurer ce risque est appelé bêta : le bêta d'un titre indique la contribution marginale de ce titre au risque d'un portefeuille de titres.

En pratique

Par définition, on pose que le marché boursier dans son ensemble (représenté par un indice comme le S&P 500 ou le SBF 250) a un bêta de 1. Des titres qui ont un bêta supérieur à 1 exercent un effet supérieur à la moyenne sur le risque global du portefeuille, tandis que des titres qui ont un bêta inférieur à 1 exercent un effet inférieur à la moyenne sur le risque global du portefeuille.

Le résultat important du CAPM est qu'il permet de décomposer le risque d'un portefeuille en risque systématique[1] et risque spécifique. Le risque systématique est tout bonnement le risque lié à la détention d'un portefeuille. Quand le marché fluctue, chaque actif particulier est plus ou moins affecté. Dans la mesure où un actif participe à la fluctuation générale du marché, cet actif comporte donc ce qu'on appelle un risque systématique. Si le marché parisien progresse ou se replie, toutes les valeurs cotées à Paris sont affectées à des degrés divers : c'est le risque systématique. Sur un marché efficient, la prime de risque, et donc le rendement attendu d'un actif, varie en proportion directe avec la valeur du bêta. Par contre, le risque spécifique est le risque associé à un actif particulier. Il représente la partie du rendement de l'actif qui n'est pas corrélée à la fluctuation générale du marché.

Si le marché est efficient, il compense – il rémunère – le risque systématique accepté par l'investisseur, mais il ne compense pas le risque spécifique, puisque celui-ci peut être supprimé grâce à la diversification. Lorsque l'investisseur détient le « portefeuille de marché », chaque titre de son portefeuille comporte un risque

---

1. À ne pas confondre avec le « risque systémique ».

spécifique, mais, grâce à la diversification du portefeuille, l'exposition au risque de l'investisseur correspond uniquement au risque systématique du portefeuille de marché.

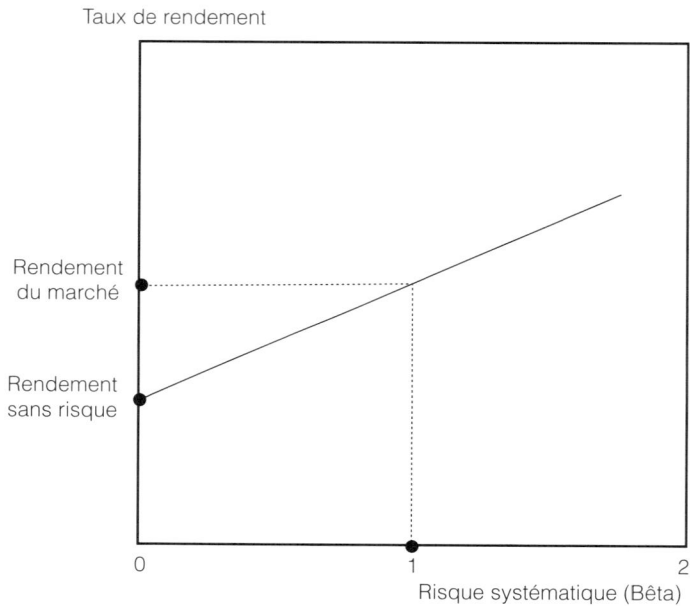

Graphique 3 – Risque systématique et bêta

Grâce au modèle de Sharpe, le risque systématique, et donc le rendement attendu d'un titre, peut être mesuré en utilisant le bêta.

Le rendement attendu d'un titre est égal au taux sans risque auquel s'ajoute le bêta du titre multiplié par la différence entre le rendement du marché et le taux sans risque :

$$E(r) = r_f + \beta \, (r_m - r_f)$$

avec $E(r)$ le rendement attendu, r_m le rendement du marché et r_f le taux sans risque.

Les gérants d'actifs financiers, et tout particulièrement les gérants de hedge funds, utilisent couramment le bêta pour mesurer le risque systématique et le rendement attendu d'un actif.

Un exemple simple fondé sur des chiffres de mai 2007

Si le taux sans risque r_f (on prend le taux du Livret A) est 2,75 % (soit 0,0275), si le bêta de France Télécom est 2,24 (source : *Yahoo! Finance*), et si le rendement annuel attendu de la Bourse parisienne r_m est 8,18 % (soit 0,0818), le rendement annuel attendu de l'action France Télécom est : 0,0275 + 2,24 (0,0818 − 0,0275) = 0,1491 soit 14,91 %.

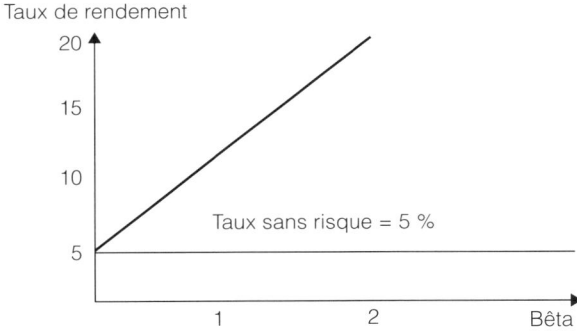

Graphique 4 – La droite de marché des titres (*security market line*)

Sur l'axe horizontal sont représentés les bêtas de toutes les entreprises du marché.

Sur l'axe vertical sont représentés les taux de rendement (en %).

La droite oblique est la droite de marché des titres (SML).

La droite SML constitue la représentation graphique du modèle CAPM. Elle nous dit que lorsqu'un actif est valorisé correctement, le taux de rendement du titre correspond à l'intersection de la droite SML et du bêta. Si le taux de rendement est en dessous de la droite SML, le titre est surévalué et si le taux de rendement est au-dessus de la droite SML, le titre est sous-évalué.

Le modèle d'évaluation des actifs financiers qui vient d'être succinctement décrit constitue la base de la théorie moderne des prix sur les marchés financiers. Le modèle est largement utilisé dans la recherche appliquée et il représente un élément important des prises de décisions financières. Les domaines dans lesquels le modèle et ses coefficients bêta sont utilisés de manière routinière comprennent les calculs de coûts de capital lors des décisions d'investissement et de croissance externe, des estimations des coûts du capital comme base de fixation des prix dans des entreprises de services publics réglementés.

Alpha : le rendement qui diffère du risque de marché[1]

Les travaux de Sharpe permettent de montrer que le rendement total attendu de n'importe quel portefeuille peut se décomposer en une partie qui est liée au rendement attendu du marché par la variable bêta, et, éventuellement, en une autre partie non corrélée au marché que Sharpe appelle « alpha » au sens de terme résiduel.

L'origine du concept d'alpha (et de ce qu'on appelle désormais la **gestion alternative**) est simple. Environ les trois quarts des gérants qui font du *stock picking* (gestion active traditionnelle) ont des résultats moins bons que les fonds indiciels qui dupliquent du mieux possible la performance d'un indice représentatif du marché, comme peuvent l'être, sur le marché américain, le S&P 500 (environ 80 % de la capitalisation boursière américaine totale) et le Wilshire 5000 (plus de 99 % de la capitalisation).

La gestion indicielle totalement passive est naturellement gagnante sur des périodes de 10 ans ou plus, mais elle est risquée pour ceux qui pensent qu'ils auront besoin de retirer leurs fonds au bout d'une période plus courte, puisqu'au cours de cet intervalle, le marché a pu fluctuer à la baisse.

---

1. Le magazine *Alpha* est publié depuis 2003. *www.alphamagazine.com*

C'est un argument de poids pour la gestion active, à condition qu'elle réussisse à être « décorrélée », c'est-à-dire à condition que les résultats du gérant soient indépendants de l'évolution des marchés financiers traditionnels d'actions et d'obligations.

La gestion alternative − la gestion active « décorrélée » − ne se contente pas d'affirmer qu'elle est capable de gagner de l'argent quand les marchés sont baissiers, elle prétend également être capable de faire mieux que la gestion indicielle quand les marchés sont à la hausse. Le coefficient alpha représente ainsi la valeur que la stratégie et les qualités du gérant apportent au fonds et c'est évidemment la justification de la rémunération à la performance (entre 15 % et 25 % des profits réalisés) du gérant !

La formule du CAPM s'écrit alors :

Le rendement attendu est égal au taux sans risque auquel s'ajoutent le bêta, multiplié par la différence entre le rendement du marché et le taux sans risque, et un coefficient alpha :

$$E(r) = r_f + \beta \, (r_m - r_f) + \alpha$$

avec $E(r)$ le rendement attendu, r_m le rendement du marché et r_f le taux sans risque.

Le coefficient alpha représente donc une sorte de rendement supplémentaire que le marché n'explique pas. Pour les adeptes de l'efficience forte, il n'existe pas d'alpha positif, mais pour tous les gérants de hedge funds, le coefficient alpha est bien réel : c'est la raison fondamentale pour laquelle ils adoptent une gestion alternative. Dans cette acception du terme, l'alpha est un indicateur de performance d'un fonds par rapport à un indice de référence et il permet de savoir si le fonds a sur-performé (ou sous-performé) par rapport à son bêta.

Il faut garder à l'esprit deux points importants :

- en premier lieu, si le facteur résiduel α existe réellement comme on peut le penser, il peut être tout autant positif que négatif. Un gérant peut dégrader la valeur du portefeuille : dans l'exemple précédent, un gérant dont le portefeuille aurait un ß moyen supérieur à 2 aurait pris des risques excessifs pour obtenir le même résultat. Comme le gérant d'un fonds alternatif est rémunéré à la performance, il convient de s'assurer très soigneusement qu'il est capable de produire régulièrement des α positifs ;

– en second lieu, de nombreux gérants alternatifs qui se servent du terme alpha, n'utilisent pas nécessairement le modèle CAPM. Ils utilisent la terminologie pour décrire aux investisseurs ce qu'ils comptent faire avec leur argent : apporter une « valeur ajoutée ».

Exemple simple

Supposons que cette année le rendement du marché parisien – mesuré par un indice de référence (*benchmark index*) comme le CAC 40 – soit de 8,18 %, et que le rendement sans risque (*risk free rate)* soit de 2,75 %. La prime de risque du marché (*market excess return*) est donc de 5,43 %. Deux gérants de fonds annoncent qu'ils ont fait deux fois mieux que le marché, soit un rendement total de 13,61 % et un *excess return* de 10,86 %. Un tel résultat est théoriquement possible : il suffit de détenir un portefeuille dont le ß est égal à 2, c'est-à-dire un portefeuille deux fois plus risqué qu'un portefeuille indiciel dont la diversification reflète celle du marché. Le gérant qui arrive à réaliser cette performance avec un ß de seulement 1,5 fait mieux que compenser le risque de son portefeuille : il produit de l'alpha.

α = 0,1361 − 1,5 (0,0818 − 0,0275) − 0,0275 = 0,02715

Le gérant a donc réalisé un alpha positif de 2,7 % au cours de la période considérée[1].

---

1. La valeur de α dépend de la valeur adoptée pour ß. Sous réserve que l'investisseur qui met son argent dans le fonds accepte que ce ß représente une évaluation correcte du risque, un α positif est un indicateur pertinent de la bonne performance du fonds.

Arbitrage Pricing Theory

Selon le modèle CAPM, les rendements des investissements financiers dépendent des taux de rendement sans risque et des primes de
risque du marché. Mais cette présentation simple et robuste présente
quelques défauts. Une critique évidente est d'ordre logique. Si les
titres ont des bêtas qui changent au cours du temps, c'est qu'il y a
d'autres facteurs qui interviennent que le taux sans risque et la prime
de risque. Une réponse possible est celle offerte par la théorie *Arbitrage Pricing Theory* développée en 1976 par Stephen Ross.

Si on suppose qu'il y a trois facteurs économiques qui peuvent
expliquer la variation des actifs financiers (le chômage avec une
sensibilité β_1, les prix des matières premières avec une sensibilité
β_2 et les taux d'intérêt avec une sensibilité β_3) et qu'à chacun de
ces facteurs correspond une prime de risque (rp_1, rp_2, rp_3), le
rendement attendu d'un actif s'écrit :

$$E(r) = r_f + \beta_1(rp_1) + \beta_2(rp_2) + \beta_3(rp_3)$$

Le rendement attendu d'un actif est égal au taux de rendement sans
risque plus les sensibilités β_i de cet actif aux différents facteurs de
l'économie multipliées par la prime de risque rp_i de chacun de ces
facteurs par rapport au taux sans risque.

On peut considérer que le CAPM est une version du modèle
APT qui ne tient compte que d'un seul facteur : la sensibilité au
risque de marché, alors qu'il n'y a pas de limite autre que les problèmes de calculs au nombre de facteurs pris en compte dans le
modèle APT. Chaque gérant de fonds peut ainsi utiliser son
propre modèle dont il garde jalousement les secrets[1].

Raymond A. Mason, le gestionnaire de Baltimore, 6ᵉ place de la
gestion collective américaine avec des encours de 945 milliards
de dollars, dit ironiquement : « *Lorsque je rencontre des gérants
alternatifs, je comprends clairement 60 % de leurs opérations, j'ai une
vague idée sur les 15 % suivants, mais je suis perdu sur le reste. Dans
le doute, je préfère m'abstenir.* »

---

1. Voir, en annexe, un exemple de *black-box* à la portée du petit investisseur.

Les fonds qui utilisent principalement des modèles de type APT sont souvent appelés des *black-box shops* : leur stratégie s'appuie sur des programmes informatiques sophistiqués auxquels sont fournies des masses de données et qui recrachent des listes de titres. Les investisseurs ne savent jamais exactement ce qui figure dans les programmes.

La finance comportementale[1]

Dans les paragraphes précédents, la théorie financière a été expliquée au moyen de quelques équations qui permettent grâce à des symboles comme ß de simplifier des situations de manière à comprendre ce que sont des décisions d'investissement rationnelles. Mais, dans le monde réel, nous utilisons des mots, des gestes, des mimiques et nous préférons réagir à un discours plutôt qu'à des équations.

Comme on l'a vu, le CAPM et le modèle APT s'appuient sur deux hypothèses fondamentales : les marchés sont efficients et les individus sont rationnels. La finance comportementale cherche de son côté à expliquer les écarts qu'on constate couramment sur les marchés financiers entre les décisions réellement prises par les acteurs et les résultats que devraient donner l'analyse rationnelle et l'efficience des marchés.

La finance traditionnelle considère que les marchés réagissent immédiatement à l'information et que plus il y a d'information, plus les marchés sont efficients. Si certains acteurs du marché sont irrationnels – excessivement pessimistes ou excessivement optimistes – cela n'empêche pas les décisions logiques d'ensemble de s'imposer.

La finance comportementale repose au contraire sur trois hypothèses complètement différentes :

– les investisseurs prennent leurs décisions en utilisant des règles simples, sans recourir à l'analyse rationnelle ;

---

1. Le livre de référence sur le sujet est toujours l'ouvrage de Hersh Shefrin, *Beyond Greed and Fear : Understanding Behavioral Finance and the Psychology of Investing*, Harvard Business School Press, 2000.

– la façon dont sont présentés les choix d'investissement exerce une influence manifeste sur les décisions prises par les investisseurs ;

– les marchés ne sont pas efficients et les erreurs que commettent les agents sont corrélées, ce qui signifie qu'elles ne se compensent pas, mais qu'au contraire, elles s'ajoutent.

Les travaux d'économie et de finance comportementale sont désormais bien connus : Daniel Kahneman a obtenu le « Bank of Sweden Prize in Economic Sciences in Memory of Alfred Nobel » en 2002 « pour avoir intégré des éléments de la recherche en psychologie à la science économique, en particulier en ce qui concerne le jugement humain et la prise de décision en univers incertain ».

La démarche heuristique (*heuristics*)

Pour expliquer comment ils arrivent à prendre rapidement leurs décisions[1], les traders de la Bourse utilisent l'expression « *buy on the rumor and sell on the news* ». Lorsque des bruits se mettent à circuler sur une OPA qui pourrait être lancée sur une entreprise, il faut commencer à acheter les titres de cette société pour les vendre lorsque l'annonce de l'OPA sera faite officiellement. La stratégie peut se révéler payante et, compte tenu du déluge d'informations que reçoivent les investisseurs professionnels et de la vitesse avec laquelle ces informations circulent, cette méthode heuristique peut sembler (presque) rationnelle. En pratique, l'heuristique est le plus souvent bornée, car la décision est prise sans analyse complète du problème posé.

---

1. Une méthode heuristique (le terme possède la même racine que le *eurêka* d'Archimède !) est une façon de trouver rapidement une solution, même si l'on sait que celle-ci n'est que provisoire.

La façon dont sont présentés les choix (*framing*)

Deux investisseurs possèdent une action Air Liquide qui vaut 180 euros. Le premier l'a achetée assez récemment à 160 euros alors que le second la détient dans son portefeuille depuis longtemps et l'a payée seulement 80 euros. Le cours de l'action s'effondre soudain à 90 euros. Quel est l'investisseur qui subit la plus grande perte ? On est tenté de répondre à cette question que c'est le premier investisseur qui a le plus souffert, alors qu'il faut rationnellement répondre − à la question qui est formulée explicitement − que les deux investisseurs ont vu la valeur de leur portefeuille diminuer de moitié. La façon dont la question est posée exerce donc un effet évident sur la réponse.

L'instinct de troupeau (*herd mentality*)

À la fin des années 1990, comme la plupart des investisseurs étaient convaincus que les valeurs Internet ne pouvaient que poursuivre leurs tendances haussières, les gérants de fonds qui osaient faire remarquer que les valorisations étaient peut-être excessives prenaient le risque de perdre leurs clients[1]. La vérité est apparue brutalement en mars 2000, mais comme l'avait dit Keynes, « *le marché peut rester irrationnel plus longtemps que certains investisseurs peuvent rester solvables.* »

Les anomalies du marché : « l'effet du mois de janvier »

Un exemple bien connu d'anomalie est celui de l'« effet du mois de janvier ». Pour des raisons fiscales, les titres des sociétés à faible capitalisation sont souvent vendus à la fin du mois de décembre. Comme ces ventes font baisser les cours, sans pour autant que les données fondamentales des entreprises aient changé, les investisseurs avisés achètent ces titres relativement bradés, ce qui fait que le mois de janvier est le meilleur mois de l'année pour ces valeurs. Au cours des dernières années, lorsque cet « effet du mois de

---

1. Comme on l'a vu au chapitre 3, le Tiger Fund de J. Robertson essuie de lourdes pertes en ne pariant pas sur la « nouvelle économie ».

janvier » est devenu plus largement connu du public, il s'est progressivement amoindri pour être remplacé par un pic des cours en décembre, puis par un pic en novembre, etc. En définitive, l'anomalie calendaire s'est progressivement dissipée.

La théorie de la réflexivité de George Soros

Les observations de la finance comportementale sont donc utiles aux investisseurs : au moment de prendre ses décisions, un gestionnaire « *behavioral* » doit considérer les phénomènes irrationnels du marché précédemment évoqués. Il doit chercher à tenir compte des informations qui vont à l'encontre du « sentiment du marché »[1] et il doit anticiper les retournements de tendance (*mean reverting*)[2]. On comprend que la gestion d'un portefeuille sur la base des biais de comportement n'est pas une chose facile.

Néanmoins de nombreux gérants de fonds tiennent compte des comportements des autres investisseurs pour trouver des opportunités d'investissement. George Soros[3], un gérant de hedge fund légendaire, explique dans sa « théorie de la réflexivité » qu'il y a une limite à l'efficience du marché parce que les prix des actifs financiers influencent à leur tour les comportements des acteurs[4]. Au lieu de refléter simplement l'information, les prix affectent l'information, ce qui entraîne des périodes durant lesquelles le marché est déséquilibré. Comme ce sont les prix qui ont déclenché cette situation, ils ne répondent plus de façon efficiente.

---

1. Les investisseurs ont souvent tendance à « sous-réagir » aux informations qui montrent que les données fondamentales se dégradent (ou s'améliorent) par rapport au trend actuel.
2. À un certain moment, l'accumulation des nouvelles négatives (ou positives) conduit des « donneurs de ton » à prendre position. Cette fois, les investisseurs ont tendance à « sur-réagir » et la tendance s'inverse.
3. Voir chapitre 3.
4. Il ne fait en réalité que reprendre l'histoire du concours de beauté racontée par Keynes dans la *Théorie générale de l'emploi, de l'intérêt et de la monnaie* comme on l'a vu au chapitre 3.

George Soros donne l'exemple suivant : lorsque le prix d'un titre d'une petite société innovante monte, les investisseurs peuvent en déduire (démarche heuristique ou « vision en tunnel » ?) que l'entreprise est intéressante, ce qui pousse cette valeur technologique à la hausse. Les entreprises (*small-cap*) du même secteur qui constatent cet engouement sont incitées à s'introduire en Bourse. Les investisseurs en capital-risque remarquent les profits qui sont réalisés lors de ces introductions et ils sont à leur tour incités à créer des entreprises start-up qui, à leur tour, pourront être introduites en Bourse. On comprend bien que, dans cet exemple un peu romancé, c'est l'évolution du prix de l'action, et non l'information pertinente sur l'entreprise, qui enclenche le processus.

D'autres gérants de fonds s'accrochent au contraire à leurs stratégies d'investissement – même dans les périodes où ces stratégies se révèlent infructueuses – parce qu'ils pensent que le marché devrait redevenir un jour « rationnel ». Une des raisons pour lesquelles les hedge funds limitent les possibilités de retraits de leurs investisseurs est de permettre aux gérants d'avoir le temps de mettre en œuvre leurs idées. Si, à tout moment, les investisseurs du fonds peuvent demander à récupérer leur argent parce qu'ils sont inquiets, les gérants se retrouvent obligés de céder à l'irrationalité à court terme du marché, même si ce n'est pas la meilleure stratégie sur le long terme.

Que faut-il retenir ?

La forme « faible » de la théorie des marchés efficients est généralement acceptée par les analystes qui n'utilisent pas l'analyse technique. Par contre, l'affirmation selon laquelle toute l'information publique disponible figure déjà dans les prix actuels est beaucoup plus controversée par les professionnels qui pratiquent l'analyse fondamentale. En général toutefois, l'information est si rapidement intégrée dans les prix de marché que l'analyse fondamentale n'a guère de chances d'être fructueuse. Les études portant sur les effets des annonces faites publiquement par des entreprises et concernant des distributions d'actions, des dividendes et des résultats financiers montrent que le marché « assimile très vite » l'information, et que la plus grande réaction des prix se produit dix ou quinze minutes seulement après l'annonce. D'autres études montrent que des portefeuilles sélectionnés au hasard ou la simple réplication d'un indice boursier font aussi bien, sinon mieux, que des portefeuilles gérés par des professionnels, une fois enlevés les frais de gestion de ces derniers.

Pour obtenir un rendement supérieur au marché, il faut donc recourir à la gestion alternative qui, seule, est capable de produire de l'alpha : c'est l'objectif des hedge funds. Le chapitre suivant examine dans le détail toutes leurs stratégies.

Chapitre 6

Les stratégies et les performances des hedge funds

Je ne me contente pas de jouer en appliquant certaines règles ; je cherche quels sont les changements des règles du jeu.

George Soros, Quantum Fund.

Les multiples stratégies d'investissement des hedge funds

B ien que le terme hedge fund soit souvent utilisé de manière générique, en réalité, comme on l'a vu, les hedge funds sont loin d'être identiques. En fait, il existe un grand nombre de styles d'investissement avec des méthodes et des objectifs très différents, et les rendements, les volatilités et le risque varient énormément selon les gérants de fonds, selon les marchés visés et selon les stratégies d'investissement. Certains hedge funds peuvent ainsi être non directionnels[1] et moins volatils que les marchés traditionnels d'actions ou d'obligations, alors que d'autres peuvent être complètement directionnels et présenter une volatilité beaucoup plus forte. De nombreux gérants prétendent même avoir des styles d'investissement qui leur sont propres. Il est donc évident que chaque hedge fund doit être évalué spécifiquement puisque l'exposition au risque est très différente d'un cas à l'autre.

---

1. C'est-à-dire qu'ils ne cherchent pas à anticiper la direction que prendra le marché.

Les actifs sous gestion des hedge funds domiciliés
aux États-Unis (en millions de dollars)

	1996		2001		2006		2007	
Convertible Arbitrage	720	4 %	2 282	4 %	1 529	1 %	809	1 %
Dedicated Short Bias	191	1 %	881	1 %	897	1 %	592	1%
Emerging Markets	528	3 %	495	1 %	1 518	1 %	1 093	1 %
Equity Marke Neutral	340	2 %	3 293	5 %	5 677	4 %	4 585	3 %
Event Driven	3 624	19 %	9 630	16 %	35 894	26 %	32 279	25 %
Fixed Income Arbitrage	517	3 %	1 490	2 %	5 931	4 %	4 980	4 %
Fund of Funds	1 699	9 %	7 399	12 %	25 169	18 %	17 190	13 %
Global Macro	2 532	13 %	488	1 %	2 103	2 %	3 303	3 %
Long/Short Equity Hedge	7 537	39 %	30 838	50 %	42 901	31 %	45 921	35 %
Managed Futures	1 476	8 %	2 026	3 %	9 625	7 %	10 644	8 %
Multi-Strategy	367	2 %	2 619	4 %	8 143	6 %	9 629	7 %
Total	19 531	100 %	61 440	100 %	139 386	100 %	131 024	100 %

*Source : Stephen J. Brown, Professor of Finance, NYU Stern School of Business,
13 mars 2007.*

Comme il est impératif d'avoir une idée claire des stratégies utilisées par les hedge funds pour pouvoir construire un plan cohérent permettant d'exploiter les opportunités qu'ils représentent, les consultants, les investisseurs et les gérants regroupent les hedge funds en un certain nombre de styles d'investissement. La classification est différente selon les sources utilisées, mais on distingue en général quatre stratégies principales :

• les stratégies d'arbitrage (*relative value arbitrage*), qui cherchent à tirer parti de différentiels de prix ou de taux qui devraient se réduire, car les titres sur lesquels s'appuie la stratégie sont fortement corrélés :

- les fonds d'arbitrage sur titres convertibles (*convertible arbitrage*) prennent en général des positions acheteuses sur les obligations convertibles, les actions préférentielles ou les bons de souscription d'une entreprise tout en vendant à découvert les actions ordinaires de l'entreprise,
- les fonds d'arbitrage sur les marchés obligataires (*fixed income arbitrage*) cherchent à exploiter les petits écarts de prix qui peuvent exister entre des instruments obligataires similaires,
- les fonds d'arbitrage statistique (*equity market neutral*) recourent à des modèles mathématiques pour essayer de détecter des anomalies de prix ;

• les stratégies dites événementielles (*event driven*), qui cherchent à profiter d'anomalies de prix résultant d'événements ponctuels et précis touchant une ou plusieurs sociétés, telle une opération de fusion-acquisition − on parle alors d'« arbitrage de fusion » (*merger arbitrage*), ou une restructuration de dette − d'où l'expression « titres en détresse » (*distressed securities*) ;

• les stratégies directionnelles (*tactical trading*), qui sont fondées sur des idées précises sur le comportement des marchés. Les gérants prennent leurs positions sur la base des tendances des marchés ou des titres[1] :

- les fonds *global macro* s'appuient sur les fondamentaux économiques pour prendre des positions directionnelles sur les marchés d'actions, de taux, des devises ou des matières premières,
- les fonds *long/short equity hedge* qui combinent des positions acheteuses et vendeuses à découvert pour réduire les risques. Contrairement aux fonds communs de placement, ces fonds recourent généralement à l'effet de levier, prennent des positions à découvert et utilisent les dérivés. Certains éliminent le risque de marché (bêta = 0) et la plupart sont acheteurs nets (exposition nette positive),
- les fonds « marchés émergents » (*emerging market*),
- les fonds de contrats à terme (*managed futures*) ;

---

1. Ces stratégies sont également qualifiées d'opportunistes.

• une quatrième catégorie hybride regroupe les fonds qui suivent plus d'une stratégie (*multi-strategy*) ainsi que les fonds de fonds. Cette présentation est compatible avec la plupart des classifications existantes.

Les stratégies des hedge funds

Arbitrage	Événementielles	Directionnelles	Hybrides
Convertible arbitrage	Distressed securities	Global macro	Fonds de fonds
Fixed income arbitrage	Merger arbitrage	Long/short	Multi-stratégies
Equity market neutral		Emerging markets	
		Dedicated short bias	
		Managed futures	

Les stratégies d'arbitrage (*relative value arbitrage*)

Les stratégies d'arbitrage cherchent à profiter des disparités de prix qui peuvent apparaître entre deux actifs (actions, titres de dette, options et *futures*) très interdépendants. L'idée générale sous-jacente à ces stratégies est de parier qu'à terme ces disparités disparaîtront.

L'arbitrage est le plus souvent une stratégie double consistant en l'achat et la vente à découvert des titres interdépendants dont les prix divergent. Les gérants qui suivent cette stratégie utilisent suivant les cas l'analyse technique, l'Analyse Fondamentale ou l'analyse mathématique pour déterminer les inefficiences qui se traduisent par des évaluations non fondées.

a) Les stratégies dites de *fixed income arbitrage* (arbitrage de taux d'intérêt) englobent toutes les stratégies très sophistiquées qui cherchent à exploiter les anomalies de prix sur les produits liés aux taux d'intérêt – obligations, prêts hypothécaires, contrats à terme, options, etc. Ces anomalies de prix sont généralement dues aux préférences des investisseurs qui évitent d'acheter certains produits qu'ils jugent trop compliqués à analyser, aux chocs exogènes sur l'offre ou la demande comme les décisions des Banques centrales, ou aux caractéristiques structurelles du marché comme l'existence simultanée des bons du Trésor américains et de dépôts eurodollars[1]. Les stratégies les plus fréquentes sont l'arbitrage sur la courbe des rendements (*yield curve arbitrage*)[2], les *spreads* de rendement entre bons du Trésor et obligations de société (*corporate versus Treasury yield spreads*), l'arbitrage sur les prêts hypothécaires titrisés (*mortgage-backed securities*)[3] et le *basis trading* (*cash versus futures*)[4]. Les gérants d'arbitrage de taux d'intérêt cherchent souvent à neutraliser le risque de taux dans leurs portefeuilles en vendant à découvert des obligations d'État, mais cette couverture ne fonctionne que s'il y a hausse des taux (et baisse du prix des obligations d'État). Si, d'une part, les taux longs baissent (le cours des obligations d'État augmente) et si, d'autre part, les *spreads* évoluent dans le sens inverse des anticipations, on assiste obligatoirement à des pertes retentissantes. Les stratégies d'arbitrage de taux sont donc regardées avec méfiance par de nombreux investisseurs, mais, selon les sources, les fonds *fixed income* gèrent néanmoins entre 4 % et 7 % des actifs gérés par les hedge funds, soit à peu près autant que dans les années 1990.

b) Les gérants qui suivent la stratégie dite d'arbitrage de convertibles cherchent à exploiter les anomalies de prix qui peuvent apparaître entre des obligations convertibles et les actions sous-jacentes correspondantes. Comme les options qui figurent dans les

---

1. Les dépôts eurodollars regroupent l'ensemble des dépôts en dollars américains acceptés par des banques commerciales en dehors des États-Unis.
2. L'arbitrage de la courbe des rendements consiste à parier sur la convergence ou la divergence entre les rendements à l'échéance offerts par des obligations d'État de maturités différentes.
3. La titrisation est le processus financier qui transforme des crédits hypothécaires illiquides et gardés jusqu'à l'échéance par leurs émetteurs en titres liquides et négociables sur les marchés de capitaux.
4. Les prix *cash* sont les prix auxquels la marchandise est vendue sur les différents marchés.

obligations convertibles sont souvent sous-évaluées par rapport à leur valeur théorique, la majorité des arbitragistes achètent les obligations convertibles et couvrent une partie du risque action de leur position en vendant à découvert les actions de la société émettrice. Les positions prises génèrent un profit qui provient des coupons des obligations et de la vente à découvert des actions, tout en assurant (en partie) la protection du capital par rapport aux fluctuations du marché. Les facteurs de risque, qui peuvent être couverts pour certains d'entre eux, comprennent le risque de taux d'intérêt, le risque de liquidité et le risque d'un événement concernant l'entreprise.

c) La stratégie « neutre au marché », également appelée arbitrage statistique, est une technique de constitution de portefeuille qui vise à exploiter les inefficacités de prix constatées sur des actions spécifiques, tout en neutralisant exactement l'exposition au risque de marché. La neutralité s'obtient en compensant exactement les positions longues en actions sous-évaluées et les positions courtes en actions surévaluées. L'objectif de profit de la stratégie d'arbitrage statistique est d'exploiter les erreurs de prix de la façon la moins risquée possible. Les rendements proviennent en général :

- soit du retour à la moyenne (*mean reversion*) : la valeur sous-évaluée qui a été achetée voit son prix augmenter ou la valeur surévaluée qui a été vendue voit son prix baisser ;
- soit des paris réussis sur un secteur ou sur un pays indépendamment des tendances générales des marchés.

La méthode qui consiste à simultanément acheter et vendre à découvert deux actions très corrélées (*pairs trading*) est une des plus usitées. Il faut noter que les stratégies des fonds « neutres au marché » ne doivent pas être confondues avec celles de type *long/short equity*. La caractéristique majeure des fonds « neutres au marché » est la faible corrélation entre leurs rendements et ceux des actifs traditionnels, alors que les stratégies de type *long/short equity* maintiennent une exposition nette positive.

On peut noter également comme stratégies d'arbitrage :

– la stratégie d'arbitrage d'indices (*index arbitrage*) qui exploite les erreurs relatives de prix entre un indice et les titres qui composent cet indice. En général la stratégie consiste à prendre des positions longues sur le panier de valeurs qui sont dans l'indice et des positions courtes sur un titre représentatif (contrat à terme) de cet indice ;

– la stratégie sur les prêts hypothécaires titrisés (*mortgage-backed securities*) qui cherche à exploiter la différence de prix entre un instrument hypothécaire dont la qualité de crédit est incertaine et une obligation du Trésor.

Les stratégies événementielles (*event-driven*)

Les stratégies événementielles se focalisent sur les actifs financiers, actions, obligations ou titres de dette en général, dette bancaire, papier commercial, promesses de payer, émis par des entreprises qui se trouvent à des moments spécifiques de leur cycle de vie, tels une restructuration, une fusion, une acquisition, une offre publique d'achat ou d'échange, une recapitalisation, une période de redressement judiciaire. Lors de ces situations particulières, les cours des titres de ces sociétés se comportent de façon inhabituelle, ce qui justifie l'intérêt des gérants de hedge funds. Les stratégies les plus utilisées consistent à rechercher les titres « en détresse » (*distressed securities*) et les titres de sociétés sur le point de fusionner ou d'acquérir une autre société (*merger arbitrage*) :

– les fonds spécialisés *distressed securities* analysent les titres des entreprises qui rencontrent des difficultés financières ou opérationnelles. Ces titres s'échangent généralement avec des décotes substantielles, soit pour des raisons réglementaires – beaucoup d'investisseurs institutionnels n'ont pas le droit de détenir des titres autres que de première qualité (*investment grade*) –, soit parce que les titres sont peu liquides, soit en raison de craintes irrationnelles des investisseurs. Lorsqu'il semble y avoir retournement de tendance, les hedge funds achètent les titres en acceptant de supporter le risque de crédit et le risque de liquidité. Ils attendent ensuite que la valeur des titres s'apprécie lorsque la restructuration est réalisée ; certains d'entre eux, les « fonds activistes », pouvant prendre une participation stratégique dans l'entreprise et participer activement à la restructuration ;

– les fonds spécialisés *merger arbitrage* s'intéressent aux opérations de fusion-acquisition et ils utilisent souvent la méthode qui consiste à acheter des actions de la société cible et à vendre à découvert des actions de la société acheteuse, le risque le plus important étant que la transaction annoncée ne se réalise pas ;

– les fonds à stratégies événementielles multiples (*event driven multi-strategy*) combinent les deux méthodes précédentes tout en s'intéressant également aux entreprises cotées à petite ou très petite capitalisation (*small and micro caps*).

Les stratégies d'investissement directionnelles

Les stratégies de type *long/short equity*

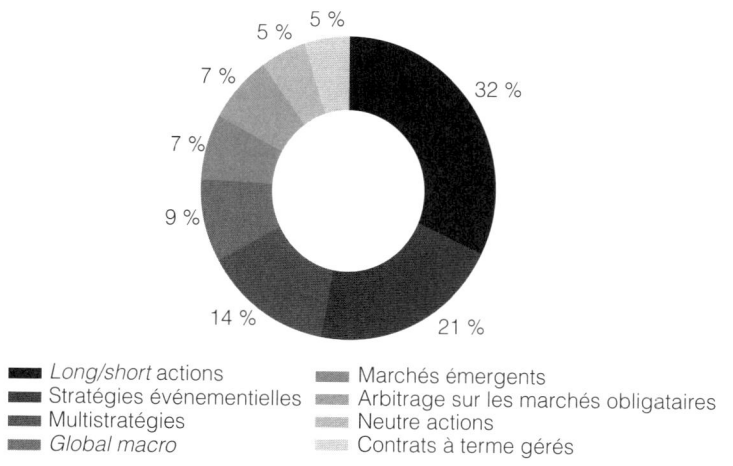

Source : *Banque de France*, Financial Stability Review – « *Special issue on hedge funds* ». N° avril 2007.

Graphique 1 – La répartition des actifs sous gestion par catégorie de stratégie

S'inspirant directement des principes suivis par Alfred Winslow Jones, les stratégies de ce type sont les plus représentées dans la gestion alternative. Comme le nom de la stratégie l'indique, les gérants de type *long/short equity* investissent en actions et ils combinent des achats d'actions jugées sous-évaluées avec des ventes à découvert d'actions jugées surévaluées. L'objectif est de réduire, voire d'éliminer l'exposition du fonds au marché.

La plupart des fonds tendent cependant à avoir une exposition nette[1] positive (le gérant est plus acheteur que vendeur), ce qui implique qu'ils peuvent être corrélés significativement aux marchés et donc subir des baisses importantes exactement en même temps qu'eux.

À côté des fonds de type *long/short equity* généralistes ou spécialisés (par pays, par zones géographiques ou par secteurs d'activité), on peut distinguer les fonds qui se spécialisent sur les marchés émergents et les fonds qui sont vendeurs nets à découvert.

Les *emerging market funds* investissent dans tous les types d'actifs financiers (actions, obligations et dette souveraine) des pays émergents, c'est-à-dire de pays où l'information financière est limitée, les normes comptables sont fragiles, les règles de gestion archaïques et les incertitudes politiques et économiques importantes. Là où de nombreux investisseurs voient les risques, d'autres voient ces caractéristiques comme des opportunités de trouver des titres peu connus et sous-évalués. La bonne santé financière de la plupart des marchés émergents réduit progressivement l'intérêt de cette stratégie de niche.

Les *dedicated short managers* ont toujours une exposition nette au marché négative : soit ils effectuent plus de ventes à découvert qu'ils ne prennent de positions longues, soit ils n'effectuent que des ventes à découvert, ce qui est le symétrique des fonds de gestion traditionnels *long-only*. Ces fonds ont failli disparaître pendant le *rally* haussier des années 1990. À partir de mars 2000 leur stratégie a repris des couleurs pour de nouveau quasiment disparaître avec le nouveau *bull market* qui se poursuit depuis 2003.

---

1. Rappel : l'exposition nette correspond à la différence entre les positions longues et les positions courtes du fonds.

Les stratégies de *tactical trading*

Les stratégies d'investissement, dites de *tactical trading,* spéculent sur la direction des prix de marché des monnaies, des matières premières, des actions et des obligations de façon systématique ou discrétionnaire[1].

Le groupe contient en fait deux catégories de fonds très différentes, les fonds de type *global macro* et les fonds de contrats à terme *(managed futures)* également connus sous le nom de *commodity trading advisors (CTAs)*. Le point commun de ces fonds est que leurs gérants cherchent à exploiter les grandes tendances des marchés plutôt que de se concentrer sur l'analyse des supports particuliers.

Les gérants de fonds *global macro* tendent à réaliser des investissements opportunistes, directionnels et à effet de levier sur les marchés des monnaies, des matières premières, des actions et des obligations d'une façon discrétionnaire, c'est-à-dire en faisant essentiellement confiance à leur intuition[2]. Leur prise de décision s'opère en partant de l'environnement économique et politique général pour descendre *(top down)* vers le choix des classes d'actifs à acheter et/ou à vendre à découvert. Une fois que les gérants ont identifié une situation de déséquilibre macroéconomique, il leur faut choisir le bon moment pour intervenir et c'est là où réside la difficulté. Les corrections des déséquilibres économiques peuvent mettre du temps avant de se réaliser et le fonds peut subir des pertes importantes à court terme. Quelles que soient leurs stratégies spécifiques, les gérants de fonds *global macro* ont donc en général une plus faible aversion pour le risque que les autres gérants de hedge funds. Compte tenu des stratégies utilisées, les portefeuilles *global macro* sont souvent de taille importante, fortement

---

1. La prise de décision systématique utilise un logiciel de suivi de tendances (dont les secrets sont dans la « boîte noire » du gérant) ; la prise de décision discrétionnaire repose au contraire sur l'intuition du gérant.
2. Voir dans le chapitre 3, les paragraphes consacrés à Quantum, Tiger et LTCM.

concentrés (peu de positions différentes) et ils utilisent largement les dérivés (options, *futures* et swaps). Selon les sources, en 2007, les fonds *global macro* représentent entre 3 % et 9 % des avoirs gérés par les hedge funds, alors que leur importance relative était beaucoup plus grande dans les années 1990 (plus de 40 % des actifs gérés). Les grands noms des fonds *global macro* sont cependant toujours présents, comme Paul Tudor Jones II (*Tudor Investment Corp*[1]), Louis Bacon (*Moore Capital Management*[2]) et Bruce Kovner (*Caxton Associates*[3]).

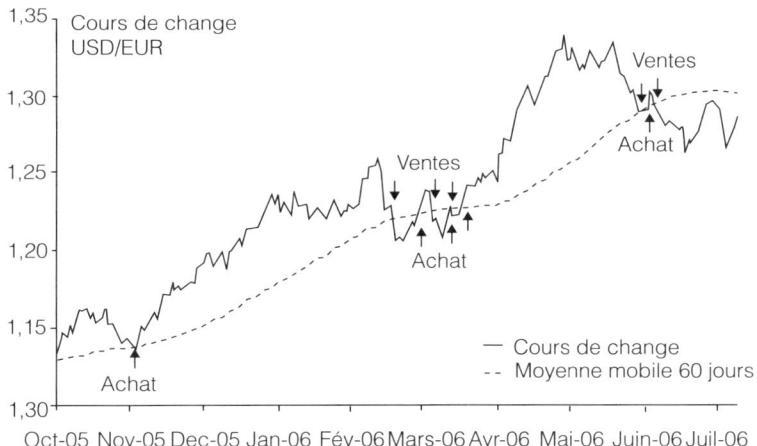

Graphique 2 – Un modèle simplifié de *tactical trading* dollar/euro

Les *commodity trading advisors* et les *managed futures managers* négocient essentiellement des contrats à terme de matières premières et de produits financiers. Ils suivent les *trends*[4] et prennent une position dès qu'ils ont détecté une tendance baissière ou haussière. Comme la tendance peut être à très court terme, certains gérants

---

1. *www.tudorventures.com*
2. *www.moorecap.com/*
3. *www.caxton.com/*
4. On parle alors de *trend followers*.

peuvent intervenir sur des durées extrêmement courtes (de quelques dizaines de secondes à quelques minutes), pour capturer quelques points de base à chaque opération. À titre d'exemple, le graphique 2 montre comment pourrait intervenir un fonds de contrats à terme sur le marché des changes USD/EUR. Le modèle retenu est simpliste puisque le gérant considère comme un indicateur d'achat le fait que les cours traversent la moyenne mobile par le bas (la tendance de prix s'inverse de la baisse à la hausse), et comme un indicateur de vente le fait que les cours traversent la moyenne mobile par le haut.

Les fonds de fonds et les fonds hybrides

Les différentes stratégies évoquées précédemment ont des paramètres de risque et de rendement très différents. Il peut donc être intéressant de combiner plusieurs hedge funds particuliers dans un portefeuille plutôt que de sélectionner un unique gérant de hedge fund qui suit une seule stratégie. Cette combinaison de hedge funds minimise l'impact potentiel d'une contre-performance d'un gérant particulier et elle procure un rendement d'investissement plus stable à long terme que tout fonds particulier, exactement comme ce qui se produit avec des portefeuilles diversifiés traditionnels. Cette idée a donné naissance aux « fonds de fonds », qui permettent aux investisseurs d'utiliser les services de plusieurs gérants pour réaliser de la diversification avec un seul investissement. Un gérant de fonds de fonds peut affecter son capital à plusieurs gérants qui suivent la même stratégie (fonds de fonds à stratégie particulière) ou à plusieurs gérants suivant des stratégies différentes (fonds de fonds hybrides).

Il semble logique qu'attirés par cette demande de diversification, plusieurs hedge funds aient choisi de combiner plusieurs stratégies au sein de la même structure. Ces fonds sont généralement classés dans la catégorie *multi-strategy funds* (fonds hybrides). La plupart d'entre eux annoncent qu'ils modifient dynamiquement leurs stratégies en fonction des évolutions des conditions des marchés.

Les performances comparées des différents types de stratégies[1]

	Valeur de l'indice		Rendement		
	Août 2007	**Juillet 2007**	**Août 2007**	**Juillet 2007**	**Rendement depuis le début de l'année 2007**
Indice Crédit Suisse/Tremont Hedge Fund	412,52	418,93	−1,53 %	0,00%	7,03 %
Convertible Arbitrage	316,91	320,38	−1,08 %	−1,11 %	2,87 %
Dedicated Short Bias	75,68	76,55	−1,14 %	7,14 %	3,64 %
Emerging Markets	345,83	354,22	−2,37 %	2,55 %	9,43 %
Equity Market Neutral	363,60	365,03	−0,39 %	0,40 %	5,17 %
Event Driven	466,24	475,16	−1,88 %	0,97 %	9,77 %
Distressed	561,35	571,24	−1,73 %	−0,24 %	6,97 %
Multi-Strategy	425,17	433,99	−2,03 %	1,80 %	12,12 %
Risk Arbitrage	276,20	278,01	−0,65 %	0,43 %	4,67 %
Fixed Income Arbitrage	227,53	229,52	−0,87 %	−1,96 %	0,82 %
Global Macro	563,82	567,32	−0,62 %	0,96 %	8,31 %
Long/Short Equity	473,62	480,24	−1,38 %	−0,69 %	7,45 %
Managed Futures	220,93	231,60	−4,61 %	−4,79 %	−2,48 %
Multi-Strategy	349,43	354,38	−1,40 %	−0,26 %	6,55 %

---

1. On remarque que les meilleurs résultats, de janvier à mai 2007, sont ceux des fonds *event driven* et que les fonds *dedicated short bias* ont des résultats négatifs, comme on pouvait s'y attendre compte tenu du *bull market* sur presque toutes les places financières.

Les performances des hedge funds[1]

Comment se comparent les performances des hedge funds et celles des fonds d'investissement traditionnels ? L'indice *Crédit Suisse/Tremont Hedge Fund* permet de donner des éléments de réponse. Comme le montre le graphique ci-dessus, un investisseur dans un indice de hedge fund en 1994, qui aurait conservé cet investissement jusqu'en 2006 aurait obtenu un rendement de 259 % (net des frais de gestion et des commissions de performance), soit un rendement annuel moyen de 10,8 %.

Un investisseur qui aurait investi dans le Standard & Poor's 500 aurait obtenu sur la même période 211 %, soit un rendement annuel de 10,3 %.

Comme on a vu que les OPCVM à gestion active, en tant que groupes, ne font pas mieux que le marché boursier, les hedge funds ont donc, sur la période, de meilleurs résultats que les fonds d'investissement traditionnels.

Si on mesure le risque par la volatilité[2], l'indice hedge fund est beaucoup moins volatil que le S&P 500 : l'écart-type annualisé de l'indice hedge fund est de 7,8 % contre 14,5 % pour le S&P 500. Comme les deux investissements ont des rendements annuels fort voisins, mais que le risque S&P 500 est le double du risque hedge fund, on peut dire que l'investisseur hedge fund a fait deux fois mieux que l'investisseur traditionnel en performance ajustée par le risque.

L'indice hedge fund a de moins bons résultats que l'indice S&P 500 de 1994 à 2000, mais, depuis cette date, il est bien plus performant que son concurrent traditionnel. Ce retournement correspond assez logiquement avec la croissance très rapide des actifs gérés par les hedge funds sur la période : de 218 milliards de dollars en 2000 à près de 2 000 milliards de dollars en 2007,

---

1. Voir l'article de René M. Stulz, « Hedge Funds : Past, Present, and Future », *Journal of Economic Perspectives*, Vol. 21, n° 2, Spring 2007.
2. Voir chapitre 5.

alors que les actifs gérés par les fonds traditionnels ont beaucoup moins progressé (de 7 000 milliards de dollars en 2000 à 11 000 milliards de dollars en 2007 pour les *mutual funds* américains).

Il faut cependant souligner qu'investir dans un indice hedge fund de 1994 à 2006 aurait été très difficile. Il n'existe pas de fonds indiciels représentatifs de l'univers hedge funds. Les investisseurs peuvent simplement placer leur argent dans un hedge fund particulier ou investir dans un « fonds de fonds ».

Comme les investisseurs ne peuvent pas investir dans un indice complètement représentatif de l'industrie des hedge funds, il est nécessaire de s'intéresser aux performances de hedge funds particuliers. Est-ce que les hedge funds réussissent à « battre le marché » ? Est-ce qu'ils réalisent de meilleurs résultats que les *mutual funds* (OPCVM) traditionnels ? Le premier article de recherche universitaire sur les hedge funds, publié il y a dix ans[1], soulevait déjà les quatre grands problèmes de mesure des résultats des hedge funds.

La première difficulté réside dans le fait que les évaluations des performances des hedge funds sont fondées sur des échantillons biaisés. Comme les hedge funds ne sont pas ou peu réglementés, ils ne sont pas obligés de dévoiler leurs résultats. Les bases de données existantes (*cf.* encadré) publient uniquement la performance des hedge funds qui envoient volontairement leurs résultats. Un hedge fund peut décider de ne pas communiquer ses résultats pour plusieurs raisons :

  – le hedge fund peut être fermé à de nouveaux investisseurs et il n'a donc aucun intérêt à publier ses performances[2] ;

  – les résultats du hedge fund sont lamentables et il n'a donc aucun intérêt à publier ses performances ;

---

1. William Fung et David A. Hsieh. « Empirical Characteristics of Dynamic Trading Strategies : The Case of Hedge Funds », *Review of Financial Studies* 10, 1997, p. 275-302.
2. Les spécialistes parlent de *selection bias*.

– le hedge fund survit, mais il attend de bons résultats pour les
communiquer ;

– le hedge fund est liquidé et ses résultats disparaissent de la base
de données.

Les estimations de ces biais s'échelonnent de moins de 100 points
de base (1 %) par an à 4 % par an.

Les bases de données existantes sur les hedge funds

À la différence de l'industrie des fonds communs de placement,
les hedge funds n'ont toujours pas d'association comparable à
l'*International Investment Funds Association* qui publie régulièrement des statistiques internationales. Ce sont au contraire les
hedge funds qui fournissent volontairement de l'information à
des sociétés qui vendent ensuite des bases de données.
L'absence de normes d'enregistrement uniformes rend donc difficile une juste appréciation de l'industrie des hedge funds.

Trois bases de données commerciales existent depuis plus de dix
ans : *Lipper TASS* (TASS), *Hedge Fund Research* (HFR) et *Center
for International Securities and Derivative Markets* (CISDM).
Depuis 2006, on connaît de nouveaux entrants, en particulier
Morgan Stanley Capital International (MSCI) et *Eureka Hedge*
(EUR). Certains hedge funds ne fournissent des informations qu'à
une seule base de données et d'autres à plusieurs, et il n'y a en fait
que 3 % des hedge funds qui figurent dans les cinq bases de
données. Un projet du BNP Paribas Hedge Fund Center de la
London Business School cherche à fusionner plusieurs bases de
données pour donner une idée plus précise du secteur des hedge
funds en éliminant les doubles entrées.

La deuxième difficulté tient en ce qu'une estimation correcte des
rendements d'un hedge fund doit ajuster cette performance en
fonction de l'exposition aux risques de marché. Comme un hedge
fund peut acheter et vendre à découvert, utiliser des dérivés et
emprunter, son exposition aux risques de marché peut varier
énormément sur une courte période de temps ; ce qui rend
difficile la mesure de cette exposition en se fondant sur un échan-
tillon limité de résultats mensuels. De plus, les techniques qui

fonctionnent bien pour mesurer l'exposition au risque des *mutual funds* sont moins pertinentes quand on les applique aux hedge funds. Le rendement d'un OPCVM investi en actions peut être considéré comme le rendement d'un panier d'actions auquel s'ajoute un certain rendement alpha qui est spécifique au fonds. Il est donc assez facile de calculer l'exposition au risque de marché de cet OPCVM. Le rendement d'un hedge fund, au contraire, correspond plus au rendement d'un panier de produits dérivés dont l'exposition au risque est beaucoup plus complexe.

La troisième difficulté est que la performance passée d'un hedge fund ne donne qu'une image très sélective du risque qu'il encourt. Les hedge funds peuvent utiliser des stratégies qui engendrent des gains semblables à ceux d'une compagnie d'assurances qui vendrait des contrats couvrant les risques de tremblements de terre. La plupart du temps, la compagnie d'assurances n'a rien à verser sur ses polices et elle réalise de jolis profits, mais, de temps en temps, il y a un séisme et la compagnie subit des pertes énormes qui peuvent être supérieures aux profits cumulés dans les années précédentes. À la différence des investisseurs dans la compagnie d'assurances qui savent quelle est l'activité de la société, les investisseurs dans un hedge fund peuvent être dans l'impossibilité de savoir que le fonds accepte de prendre des risques énormes avant que les pertes se matérialisent. Plusieurs années de suite, le fonds qui prend de tels risques va réaliser des rendements positifs, puisqu'il n'y a pas d'événements catastrophiques, et un investisseur imprudent[1] peut en déduire que le hedge fund n'est pratiquement pas volatil et qu'il n'est pas exposé aux risques du marché. La volatilité est donc une mesure imparfaite du risque d'un hedge fund : par rapport à l'OPCVM correspondant, le hedge fund a une plus faible volatilité, mais il a, en réalité, une probabilité beaucoup plus grande de perdre tous ses actifs.

La quatrième difficulté a trait aux problèmes de valorisation. Le calcul du rendement d'un OPCVM investi en titres d'Euronext est immédiat : le fonds peut calculer la valeur journalière de son

---

1. D'où la nécessité impérieuse de la procédure de *due diligence*.

portefeuille en utilisant les cours de clôture des actions qu'il détient ; les investisseurs peuvent à tout moment obtenir le remboursement de leurs parts à cette valeur. Pour les hedge funds, cette valorisation est beaucoup moins évidente. Les hedge funds détiennent souvent des titres qui ne sont pas cotés : la majorité des dérivés sont échangés de gré à gré (*over-the-counter*). Pour ces titres, il n'y a évidemment pas de « cours de clôture ». Les hedge funds utilisent donc des modèles théoriques pour estimer la valeur de certains titres ou ils se servent des prix auxquels ont lieu les dernières transactions. Sur un marché efficient, le rendement d'un fonds d'investissement sur un mois donné ne devrait pas prédire le rendement de ce fonds le mois suivant. En général, les rende-ments des OPCVM ne sont donc pas autocorrélés, alors que ceux des hedge funds le sont. De telles autocorrélations peuvent être justifiées, mais on se doute bien qu'elles peuvent également surve-nir quand les gérants d'un hedge fund utilisent la flexibilité de valorisation des titres qu'ils détiennent pour présenter des résultats réguliers et une faible volatilité.

Compte tenu de ces quatre problèmes, il n'est pas surprenant que la performance des gérants de hedge funds fasse l'objet de controverses. La méthode habituelle d'évaluation des stratégies d'investissement d'un hedge fund consiste à estimer l'alpha de cette stratégie, c'est-à-dire la partie de la performance qui n'est pas expliquée par le risque bêta[1]. Le talent du gérant de hedge fund réside donc dans sa capacité à « produire de l'alpha », sans pour autant accepter un bêta élevé.

Le bilan de la recherche sur les hedge funds se résume à l'affirmation selon laquelle les hedge funds produisent en moyenne un alpha positif (net de frais et de commissions), autrement dit, qu'en moyenne les gérants de hedge funds méritent leur « compensation ». Il subsiste deux questions ouvertes :

– quelle est la taille de cet alpha positif moyen ?

– l'alpha d'un hedge fund particulier est-il durable ?

---

1. Rappel : le risque bêta est une mesure de l'exposition du fonds au risque de marché.

Les études réalisées jusqu'à maintenant affirment qu'un hedge fund choisi de façon aléatoire produit un alpha positif mais négligeable après commissions, ce qui est cependant un résultat meilleur que celui d'un OPCVM choisi également de façon aléatoire. À la différence des fonds traditionnels, un nombre significatif de hedge funds produisent un alpha positif et élevé, de l'ordre de 3 %. Il peut se révéler fort profitable de choisir de « bons » hedge funds, d'autant plus qu'il semble bien que les résultats antérieurs peuvent servir à cette sélection.

Il convient cependant de garder à l'esprit qu'il est beaucoup plus difficile d'évaluer les performances des hedge funds que celles des fonds communs de placement traditionnels. Un hedge fund dont la stratégie s'apparente à vendre des polices d'assurance « tremblement de terre » et dont le risque n'est pas bien mesuré par les méthodes habituelles produit un alpha positif non négligeable jusqu'au jour où il fait faillite !

Que faut-il retenir ?

Les hedge funds gagnent de l'argent en fournissant de la liquidité aux marchés et en gardant pour eux le *spread* de liquidité qu'ils amplifient grâce à l'effet de levier.

Pour un *trader* expérimenté, l'opération est simple mais elle comporte des risques considérables. Lorsqu'un hedge fund fournit de la liquidité au marché, il accepte en réalité des positions qu'il peut être difficile de déboucler en cas d'urgence. En fait, le hedge fund est l'acteur du marché qui accepte de payer les pots cassés quand tout s'effondre, et c'est pour cette raison que les marchés rémunèrent les fournisseurs de liquidité.

Vus sous cet angle, les rendements qu'obtiennent les hedge funds correspondent à des primes d'assurance amplifiées éventuellement par l'effet de levier : les hedge funds ressemblent à des compagnies d'assurances non réglementées qui proposent des contrats aux autres acteurs des marchés et qui empochent les primes. Lorsque les marchés s'effondrent, les hedge funds tendent à perdre de l'argent et, comme ils ont fortement recours à l'effet de levier, il n'est pas étonnant qu'ils perdent des sommes énormes, la majeure partie, voire tout leur capital.

Chapitre 7

La réglementation des hedge funds

La gestion du risque s'appuie à la fois sur le jugement et sur la science, et la science s'appuie sur le comportement passé des marchés qui n'est pas un guide infaillible pour le futur.

Alan Greenspan, président de la Réserve fédérale de 1987 à 2006.

Même si aucun des régulateurs de valeurs mobilières de l'OICV n'a adopté à ce jour de définition légale et formelle du terme hedge funds, cette absence de définition harmonisée n'empêche nullement que la réglementation des hedge funds soit devenue un enjeu international majeur.

L'activisme actionnarial des hedge funds est tout à la fois critiqué et salué, leurs prises de risques suscitent des craintes pour la stabilité financière, même si beaucoup s'accordent à considérer qu'ils fournissent également une liquidité bénéfique aux marchés. L'opacité des stratégies d'investissement des hedge funds est décriée, mais, dans le même temps, c'est l'originalité et la discrétion de ces stratégies qui constituent dans une large mesure l'explication du succès croissant des hedge funds auprès des investisseurs. La réglementation des hedge funds constitue donc un sujet complexe qui ne peut être efficacement traité que dans des instances internationales appropriées.

La réglementation des hedge funds en France

Les structures d'investissement collectif que préfèrent les Français sont les fonds communs de placement et les sociétés d'investissement à capital variable (SICAV). La loi du 23 décembre 1998 impose à ces véhicules d'investissement des règles de gestion très strictes[1]. En conséquence, ces structures conviennent mal aux activités des hedge funds et, pendant de nombreuses années, l'industrie française de la gestion alternative a donc souffert des réglementations inflexibles concernant les techniques et les structures de gestion alternative.

Les gestionnaires français pouvaient théoriquement utiliser toutes les techniques alternatives utilisant l'effet de levier, mais, même dans le cas des fonds communs d'intervention sur les marchés à terme (FCIMT) et des OPCVM à procédure allégée, aucune de ces structures ne pouvait, en pratique, recourir au service d'un « prime broker ».

Les OPCVM à procédure allégée sont des fonds autorisés depuis décembre 1998. Ils sont dispensés d'obtenir un agrément préalable de l'Autorité des marchés financiers (AMF) et leurs règles de gestion sont beaucoup moins contraignantes que celles des OPCVM traditionnels. Cependant, ils étaient réservés à des « investisseurs qualifiés », c'est-à-dire des personnes morales « disposant de compétences et de moyens nécessaires pour appréhender les risques liés aux opérations financières » (établissements de crédit, compagnies d'assurances, sociétés d'investissement, OPCVM), ou bien des personnes physiques ou morales investissant au moins 500 000 euros[2].

La gestion alternative française se délocalise

La gestion alternative française s'est donc principalement développée *offshore* pour pouvoir utiliser des structures beaucoup moins réglementées, et les réglementations existantes ont ainsi empêché les OPCVM français de constituer une véritable alternative aux fonds *offshore*. En théorie, les fonds *offshore* ne pouvaient pas être proposés aux investisseurs français puisque toute information sur

---

1. Les règles portent sur les instruments financiers éligibles à l'actif, sur la dispersion des risques, sur la possibilité d'emprunter ou de prêter des titres.
2. Les OPCVM à procédure allégée doivent en plus publier une notice d'information mettant en garde leurs souscripteurs potentiels contre les risques éventuels.

ces fonds aurait dû être soumise à une autorisation préalable par définition impossible à obtenir, mais rien en pratique n'empêchait un investisseur français d'aller demander des informations à son conseiller financier qui pouvait alors lui vendre les parts du fonds *offshore* non réglementé. Les gérants d'OPCVM français pouvaient de leur côté facilement investir une partie de leur capital dans des fonds de hedge funds, ces derniers n'ayant nul besoin de se conformer aux règles des OPCVM autorisés en France.

Les sociétés de gestion françaises ont ainsi développé, notamment au travers de fonds de fonds, une expertise dans la sélection de hedge funds de droit étranger, tandis que la gestion alternative directe française était quasi exclusivement réalisée *offshore* sur des fonds étrangers non autorisés à la commercialisation en France, ces fonds pouvant néanmoins être gérés depuis la France.

Les autorités réglementaires avaient pourtant placé de grands espoirs dans les OPCVM à procédure allégée. Dans un communiqué du 14 décembre 1998, la COB se vantait : « *Tout en préservant la sécurité de l'épargne publique, ce dispositif réglementaire très novateur, préparé avec le concours actif de la profession, devrait concourir efficacement au renforcement de l'industrie française de la gestion, face à un univers rendu encore plus ouvert et concurrentiel grâce à l'arrivée de l'euro.* »

Les nouvelles structures définies par la loi du 1er août 2003

À partir de 2003, les autorités réglementaires françaises (COB puis AMF) ont donc organisé de nouvelles consultations qui avaient pour but de définir un cadre suffisamment flexible pour permettre le développement de la gestion alternative en France tout en assurant la protection des investisseurs. Il fallait :

– d'une part, préciser les règles s'appliquant aux fonds de hedge funds, ainsi qu'aux sociétés de gestion opérant la sélection de ces fonds (ce qu'on appelle la gestion alternative indirecte) ;

– d'autre part, permettre à des véhicules d'investissement de droit français de mettre en œuvre l'ensemble de la gamme des stratégies alternatives, pour qu'ils disposent de plus de souplesse en matière d'investissement et d'effet de levier que des OPCVM classiques (ce qu'on appelle la gestion alternative directe).

Les OPCVM ARIA et les OPCVM contractuels

La loi de sécurité financière a ainsi créé deux nouveaux véhicules d'investissement : les OPCVM agréés à règles d'investissement allégées (ARIA), qui se subdivisent en trois catégories, et les OPCVM contractuels.

La loi d'août 2003 et les décrets d'application de novembre 2004 et juin 2005 visent à permettre aux investisseurs français d'accéder à la gestion alternative directe dans un cadre sécurisé. L'Autorité des marchés financiers cherche également à favoriser la compétitivité de la place financière française en matière de gestion alternative[1].

- Les ARIA simples, comme les OPCVM à procédure allégée qu'ils remplacent, sont ouverts à des investisseurs qualifiés (seuil de 125 000 euros). Ils peuvent :
  - utiliser un effet de levier atteignant 2 ;
  - mettre en œuvre les stratégies alternatives *event driven, convertible arbitrage* et *long/short*.
- Les ARIA à effet de levier peuvent :
  - utiliser un effet de levier atteignant 4 ;
  - utiliser la stratégie *fixed income arbitrage*, en sus des stratégies d'arbitrage précédentes ;
  - dans certaines limites, utiliser les services d'un *prime broker*.
- Les ARIA de fonds alternatifs permettent d'accéder dès le seuil minimal de 10 000 euros d'investissement à la gestion alternative au travers de la sélection de fonds français ou de droit étranger mettant en œuvre des stratégies alternatives. Les fonds

---

1. Les estimations des encours de produits de type hedge funds en France atteignent 60 milliards d'euros à la fin juin 2007, dont 28 milliards enregistrés auprès de l'Autorité des marchés financiers. Cela correspond environ à une part de 3 % à 4 % des actifs sous gestion dans l'industrie mondiale des hedge funds.

d'investissements sous-jacents peuvent mettre en œuvre tous les types de stratégie, mais les fonds étrangers sont soumis à des critères d'éligibilité juridiques. L'ARIA FA doit présenter à l'AMF un programme d'activité spécifique qui détaille :

- l'expertise et l'expérience de l'équipe de gestion ;
- les procédures de sélection et de suivi des investissements ;
- les procédures de contrôle des risques ;
- les moyens techniques utilisés ;
- les types de fonds sous-jacents et leur localisation géographique ;
- les modalités de commercialisation retenues.

• Les OPCVM contractuels bénéficient, une fois obtenue la validation de leur activité par l'AMF, de l'absence de contraintes en matière d'investissement et de gestion (instruments financiers cotés ou non cotés, français ou étrangers, effet de levier non limité, pas de règle de dispersion des risques). Ils peuvent utiliser librement les services d'un *prime broker*. De leur côté, les investisseurs doivent respecter un seuil minimal d'investissement de 250 000 euros ; leur investissement peut faire l'objet d'une période de *lock-up* allant jusqu'à deux ans, avec un préavis de retrait de trois mois, et la valeur liquidative n'est donnée que trimestriellement.

Les résultats ambigus de l'évolution du cadre réglementaire français

Les positions prises par l'AMF sur la gestion alternative sont claires : les OPCVM recherchant une performance décorrélée des indices de marché se sont développés en France de façon marginale depuis les années 1990 et il est donc nécessaire de permettre aux investisseurs résidents d'accéder à tous les types de gestion alternative directe *via* des véhicules d'investissement de droit français (ou *on shore* !).

Les nouvelles réglementations représentent certainement une évolution positive avec quelques zones grises, comme par exemple le fait que les sociétés de gestion doivent obtenir un agrément préalable de l'AMF en décrivant dans le détail leur programme d'activité spécifique.

La place de la gestion alternative en France reste toutefois encore modeste par rapport au poids des actifs gérés par des OPCVM traditionnels investis dans des produits à faible risque (OPCVM obligataires, OPCVM monétaires et OPCVM à capital garanti).

Les raisons de cette aversion pour le risque sont d'abord « culturelles » : l'information boursière et financière que reçoivent les Français au cours de leur formation initiale est toujours tragiquement rudimentaire. S'y ajoutent les privilèges fiscaux octroyés régulièrement aux produits d'assurance vie et à l'immobilier, et la faible attractivité des fonds de retraite par capitalisation à la française prévus par la loi sur les retraites d'août 2003[1].

Néanmoins les encours de produits de type hedge funds progressent en France, mais ce sont les OPCVM de fonds alternatifs (ARIA FA) qui dominent largement avec près de 85 % du total des fonds contre 12 % pour les ARIA EL. Cette situation ne devrait pas changer à court terme, car les OPCVM de fonds alternatifs sont dynamisés par la demande des investisseurs institutionnels qui dominent ce marché sur lequel les encours venant de particuliers fortunés (*high net worth individuals*) sont minoritaires.

La gestion alternative directe reste ainsi marginale en France et les gérants en direct français ont toujours tendance à s'installer à Londres, car, même si le cadre réglementaire français s'est amélioré, il est difficile de le mettre en œuvre du point de vue industriel pour des raisons de compétence[2].

D'après le rapport *Asterias Quarterly Update* de mars 2007, la France est pourtant le marché de gestion d'actifs le plus important en Europe continentale, avec le Luxembourg. 40 % des actifs sont détenus dans des fonds monétaires, ce qui est révélateur de la forte

---

1. PERP (Plan d'épargne retraite personnalisé) et PERCO (plan d'épargne retraite collectif).
2. Bernard Oppetit, président de *Centaurus Capital*, explique clairement : « *Centaurus a été créé à Londres parce qu'on y trouve plus facilement les analystes et négociateurs de talent dont nous avons besoin.* » *Les Échos*, jeudi 29 mars 2007.

aversion française pour le risque. Les actifs sous gestion dans les hedge funds sont à 87 % dans des fonds de fonds qui sont les véhicules d'investissement préférés des investisseurs institutionnels. La gestion alternative française se résume à :

– 37 OPCVM ARIA à effet de levier (2,93 milliards d'euros d'actifs sous gestion) ;
– 198 OPCVM de fonds alternatifs (23,38 milliards d'euros d'actifs sous gestion)[1].

La réglementation des hedge funds au Royaume-Uni

La FSA réglemente l'industrie des services financiers en poursuivant les quatre objectifs définis par la loi sur les services financiers et les marchés de 2000 (*Financial Services and Markets Act*) :

– maintenir la confiance du marché ;
– promouvoir la compréhension du système financier par le public ;
– maintenir un niveau approprié de protection des consommateurs ;
– combattre la criminalité financière.

La FSA contrôle les gérants de hedge funds domiciliés au Royaume-Uni, mais elle ne réglemente pas les fonds eux-mêmes.

Le rapport demandé par Michael Bloomberg, maire de New York, et Charles Schumer, sénateur de l'État de New York, et intitulé « Comment renforcer la position globale des services

---

1. Le rapport diligenté par l'AMF sur « l'évolution du cadre de la régulation de la multigestion alternative et les voies envisageables de son amélioration », publié le 18 septembre 2007, conclut à la nécessité de l'assouplir et de la libéraliser en responsabilisant ses acteurs. Le groupe de travail présidé par Philippe Adhémar propose de substituer aux treize critères que doit respecter un fonds d'arbitrage pour être inclus dans un fonds de fonds des principes plus généraux portant sur leur valorisation et leur organisation. *www.amf-france.org/documents/general/7925_1.pdf*

financiers de New York et des États-Unis ? » s'articule autour de quatre thèmes :

- l'importance des services financiers pour l'économie américaine en général (8 % du PIB et 5 % de l'emploi) et pour New York en particulier (15 % du PIB de New York et 10 % des emplois) ;

- le déclin relatif de la position de New York comme premier centre financier mondial et la montée de Londres, vue comme « une menace qu'il faut prendre au sérieux ». Il est important de souligner qu'il s'agit d'une variation relative, car les services financiers américains continuent de se développer : ils ont crû de 5,2 % par an au cours de la dernière décennie alors que le PIB américain a augmenté de 3,2 %. Pour New York, les chiffres de croissance sont respectivement de 6,6 % pour les services financiers et de 3,6 % pour le PIB ;

- l'explication de ce déclin relatif tient pour partie au développement naturel des marchés non américains, mais le rapport Bloomberg met l'accent sur trois facteurs : « les travailleurs qualifiés, l'environnement juridique et le cadre réglementaire ». Le rapport affirme que les États-Unis ont un avantage concurrentiel sur le premier point – les travailleurs qualifiés –, mais qu'ils sont significativement désavantagés en ce qui concerne le système juridique et la réglementation ;

- la réglementation appliquée au Royaume-Uni est jugée préférable au système américain parce qu'il y a un seul organisme réglementaire – la *Financial Services Authority* – et parce que cette autorité utilise une approche fondée sur la consultation et la discussion, ce que certains observateurs décrivent comme « la manière légère ».

Il est évidemment flatteur d'être montré comme le modèle de la bonne réglementation, mais les choses sont en fait plus complexes. Deux exemples peuvent montrer que la description du système réglementaire anglais qui est donnée dans le rapport Bloomberg est plus proche du mythe que de la réalité.

Une réglementation qui n'est pas uniquement « fondée sur des principes »

Il est certain que la FSA a des principes qui gouvernent les entreprises et les personnes qu'elle supervise et ses propres opérations. Pour les entreprises et les personnes, la FSA applique onze principes généraux qui tiennent en 194 mots, parmi lesquels « consultation », « mesure des coûts et des avantages » et « prise en compte des éventuels effets négatifs des mesures réglementaires sur la concurrence ».

Mais la FSA est également une organisation qui respecte des règles précises (8 500 pages de réglementation) et on pourrait donc la décrire comme une institution qui ne fait qu'appliquer des règles. La réalité est que la FSA essaie d'établir un nouvel équilibre entre les principes généraux et les règles spécifiques, en s'appuyant plus sur les principes et moins sur les règles. Ce n'est pas facile à réaliser, car il y a constamment de nouvelles règles européennes dont certaines qui ne se contentent pas de remplacer des règles existantes. Il y a également du côté des acteurs du marché un fort attachement à des règles particulières que la FSA souhaiterait abolir et on retrouve ce problème à l'intérieur même des sociétés dans lesquelles les superviseurs préfèrent la certitude des règles, même si les dirigeants de la société sont d'accord avec la FSA sur l'intérêt que présente un recours accru à des principes.

Londres, paradis des hedge funds

Selon une étude menée par *International Financial Services London* (IFSL), la part des actifs gérés par des fonds d'arbitrage basés à Londres est passée de 10 % en 2002 à 21 % en 2007, tandis que la part de New York est tombée dans le même temps de 45 % à 36 %. Les quatre cinquièmes des actifs gérés par des hedge funds en Europe sont détenus par les quelque 900 fonds installés à Londres. Cette part monte à 90 % en prenant en compte les fonds de fonds ou les fonds américains disposant d'un bureau en Europe.

La place de Londres dans les actifs gérés par les hedge funds

	Actifs (Milliards $)			Part de Londres en % de :	
	Londres	Europe y compris Londres	Monde	Europe	Monde
2002	61	84	592	73	10
2003	119	180	795	66	15
2004	190	256	1 000	74	19
2005	225	300	1 130	75	20
2006	315	400	1 500	80	21

Source : Estimations ISFL, www.ISFL.org

La FSA pense que le rééquilibrage entre règles et principes lui permet de mieux réaliser ses tâches statutaires.

La première raison est qu'il est impossible d'établir des règles spécifiques pour couvrir l'ensemble des conflits d'intérêt potentiels qui peuvent surgir au sein d'une société de services financiers. Ces conflits d'intérêt sont à la fois diffus et inévitables ; ils peuvent être gérés, mais il est impossible de les faire disparaître. C'est pour cela que la FSA a un principe général – le n° 8 – qui dit simplement : « *Une société doit gérer les conflits d'intérêt, à la fois entre elle et ses clients, et entre ses clients.* »

La deuxième raison a trait à la nature protéiforme du marché des services financiers avec la recherche continuelle de nouveaux instruments, de nouvelles stratégies, de nouvelles façons de diviser et de gérer le risque. La FSA évite d'avoir à donner son autorisation pour la commercialisation d'un produit car cela freinerait ou même étoufferait l'innovation. Mais elle a établi des principes qui s'appliquent à toutes les sociétés, toutes les pratiques et tous les produits : le principe n° 3 requiert des contrôles efficaces et sérieux ainsi que des systèmes de gestion des risques en adéquation avec les risques ; le principe n° 4 demande un financement adéquat ; le principe n° 5 demande de respecter des normes convenables de conduite sur le marché. Certains de ces principes s'appuient sur des règles détaillées : le principe n° 4, par exemple, s'appuie sur la transposition européenne des normes prudentielles du Comité de Bâle. Cependant, la FSA a récemment remplacé 57 pages de règles sur le blanchiment de l'argent, qui est un aspect particulier du principe n° 3 sur les contrôles efficaces, par un texte de 2 pages seulement. D'ici à la fin 2008, la FSA aura passé en revue – et réduit substantiellement – les règles dont l'application par les sociétés représente plus de 80 % des coûts administratifs imposés par la réglementation.

Mais, quel que soit le rééquilibrage auquel procède l'Autorité des services financiers (FSA), elle ne sera jamais uniquement fondée sur des principes.

Une réglementation qui n'utilise pas toujours « la manière légère »

Le second mythe concernant la FSA est qu'elle appliquerait « la méthode douce », ce qui revient à dire que l'attractivité du système de réglementation du Royaume-Uni viendrait du fait qu'il permet des pratiques qui seraient interdites ailleurs. En réalité, sur de nombreux points, la FSA n'est pas *light touch*. Dans plusieurs domaines importants des services financiers, elle réglemente des activités qui ne sont pas réglementées dans d'autres pays : par exemple, les gérants de hedge funds sont soumis à un système réglementaire qui n'a pas d'équivalent formel aux États-Unis et pas d'équivalent pratique dans l'Union européenne. Il est intéressant de noter que les hedge funds dont les gérants sont réglementés croissent particulièrement rapidement – plus rapidement que les hedge funds gérés depuis les États-Unis –, ce qui tendrait à prouver que la réglementation ne conduit pas obligatoirement à un ralentissement de la croissance. Dans d'autres domaines, la FSA a délibérément choisi un niveau de réglementation qui est plus exigeant que celui adopté par certains autres pays.

Il ne faudrait pas penser non plus que la FSA n'applique que des sanctions légères, voire *soft*. Lorsque Citigroup a effectué en août 2004 une opération sur des obligations souveraines européennes qui a été largement considérée comme un non-respect des pratiques du marché, la seule autorité réglementaire européenne à prendre des mesures contre Citigroup a été la FSA qui a infligé une amende de 13,9 millions de livres. De la même manière, lorsque Shell a dissimulé en 2004 des informations sur le montant de ses réserves, la société a dû payer une amende de 17 millions de livres, ce qui, dans le contexte européen, est une amende importante.

Mais ce n'est pas uniquement la capacité d'imposer des amendes significatives qui montre que la FSA n'utilise pas « la manière légère ». Il est important de noter que la FSA a la possibilité de sanctionner les entreprises pour le non-respect des principes, même lorsque aucune règle spécifique n'a été enfreinte.

Pour toutes ces raisons – étendue du champ réglementaire, capacité à infliger des sanctions substantielles, capacité à prendre des actions contre le non-respect des principes –, il est difficile de soutenir que la FSA applique plutôt « la méthode légère ».

Une réglementation des hedge funds qui cherche à être *risk based*

La FSA ne cherche pas à prémunir de la faillite toutes les sociétés financières, ni à réglementer toutes les entreprises de la même manière. Elle cherche plutôt à consacrer des ressources là où l'impact potentiel d'une société financière sur les objectifs poursuivis par la FSA peut se révéler important. Pour certaines sociétés – moins de 1 % des 29 000 sociétés supervisées – cela se traduit par une relation « étroite et continue ». Pour plus de 95 % des autres sociétés, la FSA considère qu'elles sont trop petites pour représenter une menace et elle n'effectue ni visite, ni inspection, se contentant d'analyses statistiques.

Faire que cette surveillance fondée sur le risque soit efficace n'est pas simple. Quelques exemples des problèmes rencontrés dans la pratique le montrent bien.

Le premier problème est celui de l'efficacité de la surveillance des petites entreprises. Il est tout à fait judicieux de consacrer les moyens de la FSA là où ils ont le plus d'impact, c'est-à-dire sur les plus grandes sociétés. Mais il ne faudrait pas pour autant que les petites pensent qu'elles peuvent tricher en toute impunité, sous prétexte qu'elles naviguent « en dessous de la couverture radar », et qu'elles sont si petites qu'il serait injustifié de les punir. Une telle situation inciterait les sociétés à ne pas respecter les règles qui ont un coût pour elles ; celles qui respecteraient les règles seraient, à juste titre, furieuses de voir que les transgresseurs ne subissent aucune sanction. Cela encouragerait énormément ce qu'on appelle les effets de seuil (*regulatory arbitrage*), c'est-à-dire la tendance à éviter les coûts réglementaires en choisissant d'aller vers des sociétés plus petites.

Le deuxième problème est celui qui est posé par la politique affichée par la FSA : il est impossible d'éviter toute faillite (*non zero failure policy*). Tout le monde applaudit le principe, mais lorsque se produit la faillite d'une importante institution financière, il y a aussitôt une tendance générale à considérer que cette faillite est en fait la preuve de l'impéritie de l'organisme de tutelle. Il est donc difficile de persuader le grand public et la classe politique que la réglementation des activités financières, tout comme les activités financières elles-mêmes, est une activité risquée.

Le troisième problème d'une approche fondée sur le risque est qu'elle nécessite en permanence des évolutions. Au fil des ans, la FSA a progressivement consacré plus de moyens à la supervision des sociétés d'assurances et moins à celle des banques. Les moyens de la FSA ont été multipliés par cinq entre 2003-2004 et 2007-2008 pour faire face aux menaces diverses qui pèsent sur le système financier du Royaume-Uni. Une approche fondée sur le risque a donc des implications très concrètes en ce qui concerne les ressources à mettre en œuvre et les méthodes à appliquer. Cette approche conduit souvent à ne rien faire, même si on sait qu'il y aura des faillites ; elle conduit également souvent à concentrer des ressources sur une question particulière ou une société précise. Même si le

168 Les hedge funds

résultat global est un niveau faible de supervision directe pour de nombreuses entreprises, il ne s'agit pas de *light touch* ; en termes d'efficacité, le résultat est fondé sur le risque.

En résumé, on dit souvent que la FSA s'appuie sur des principes (*principles based*) et répugne à utiliser la manière forte (*light touch*). La réalité est plus complexe puisque la FSA cherche du mieux possible à se fonder sur le risque, en appliquant un mélange évolutif de principes et de règles, et en n'hésitant pas à sanctionner sévèrement.

Faut-il investir dans les hedge funds ? L'exemple de PRINCO[1]

CalPERS est le plus grand fonds de retraite américain, avec 245 milliards de dollars d'actifs sous gestion, et il gère les pensions de retraite et les couvertures-santé de plus de 1 400 000 fonctionnaires californiens et de leurs familles. CalPERS a annoncé, le 19 juin 2007, qu'il augmentait de 5 à 12 milliards de dollars ses investissements dans des fonds de gestion alternative. « *Notre portefeuille mondial de titres sera ainsi plus diversifié, ce qui nous aidera à réaliser des rendements à long terme* », a affirmé Sean Harrigan, président du conseil d'administration de CalPERS[2].

Déposition de Andrew K. Golden, président de la *Princeton University Investment Company* (PRINCO) devant le Comité des services financiers de la Chambre des représentants le 13 mars 2007.

> « J'exerce depuis douze ans les fonctions de président de PRINCO, un département de l'université qui a la responsabilité d'investir les 14,2 milliards de dollars de notre *endowment*[3]. Je dirige une équipe de treize professionnels de l'investissement qui

---

1. *Princeton University Investment Company*, 22 Chambers Street, Suite 400 Princeton, NJ 08542.
2. *Sacramento Business Journal. sacramento.bizjournals.com/*
3. Il s'agit du fonds dont dispose l'université et qu'elle cherche bien évidemment à faire fructifier. Princeton figure à la 4e place parmi les collèges et les universités américains par la taille de son *endowment*, derrière Harvard, Yale et Stanford.

développent des plans d'allocation d'actifs, qui sélectionnent et supervisent plus de 140 gérants extérieurs, et qui coordonnent le déploiement des actifs réalisé par ces spécialistes. Je dois souligner que tous les investissements de Princeton dans chaque catégorie d'actifs sont réalisés par l'intermédiaire de ces gérants spécialisés extérieurs. PRINCO fonctionne donc essentiellement comme un gérant de fonds de fonds sous la supervision d'un Conseil des directeurs composé principalement d'experts en investissement diplômés de Princeton.

Ma présentation porte sur le rôle des hedge funds dans la stratégie d'investissement de Princeton et sur la façon dont nous procédons à des investissements dans des hedge funds. Je pense que ce que fait PRINCO est largement semblable à ce que font nombre d'autres institutions sophistiquées et que le programme de hedge funds de Princeton est donc représentatif d'un nombre substantiel d'investisseurs dans des hedge funds. J'espère vous montrer que pour des investisseurs sérieux et avertis, les investissements dans les hedge funds n'impliquent pas de grand risque. Au contraire, les hedge funds peuvent être des outils importants pour réduire le risque.

Princeton a du succès comme investisseur. Le rendement annualisé des investissements du *Princeton's Endowment* au cours des dix dernières années a été de 15,7 %. Durant la même période, le rendement médian annualisé des 477 institutions éducatives suivies par NACUBO (*The National Association of College and University Business Officers*) a été de 8,7 %, un résultat proche des 8,3 % de progression de l'indice S&P 500. Depuis douze ans, PRINCO n'a jamais eu une seule année de performance négative, même pendant le marché baissier qui a suivi la bulle Internet, ce qui laisse penser que nos gains substantiels reflètent quelque chose de plus que d'accepter des niveaux élevés de risque. Comme investisseur dans des hedge funds, Princeton peut donc se targuer d'avoir un succès particulier.

Mais avant d'aller plus loin, il faut noter que les hedge funds ne représentent pas une catégorie particulière d'investissements. Ils ne représentent pas une classe d'actifs, comme le sont les investissements en actions, en immobilier, en capital-risque. Les investissements de chacun de ces groupes ont des caractéristiques communes qui font qu'ils se comportent de façon assez semblable. Au

contraire, les hedge funds correspondent à un certain type de relation qui est définie par un arrangement contractuel entre un gérant
d'investissement et ses clients. Les caractéristiques essentielles des
contrats de hedge funds sont les suivantes :

- une structure de partenariat avec une responsabilité limitée
  pour au moins certains des partenaires (les clients) ;
- un engagement du gérant du fonds de placer au moins une
  partie de son patrimoine personnel dans le partenariat pour
  qu'il soit investi en même temps que les actifs des clients ;
- une grille de commissions qui comprend une commission inci-
  tative, ce qui signifie que le gérant du fonds reçoit une part des
  profits générés par l'argent des clients ;
- des investissements qui sont principalement réalisés, mais pas
  nécessairement exclusivement, dans des actifs relativement
  liquides, à la différence d'autres partenariats d'investissement
  privés qui investissent dans le capital-risque, dans le rachat
  d'entreprise ou dans l'immobilier.

Cette structure de type hedge fund peut alors être utilisée pour réaliser une très large palette de stratégies sur tous les types de marchés.

À Princeton, la structure de type hedge fund prédomine dans notre
portefeuille puisque environ 45 % de notre *endowment* sont investis
via ce format. Il faut toutefois noter que figurent dans ce pourcentage environ 15 % de l'*endowment* qui sont investis dans quatorze
fonds qui suivent des stratégies traditionnelles d'investissement à
long terme avec une exposition au marché[1] qui est de l'ordre de un
dollar – ou un peu moins – par dollar investi. En termes d'opportunité et d'exposition au risque, ces hedge funds se comportent
comme des *mutual funds* ou des fonds traditionnels d'investisseurs
institutionnels, la seule différence portant sur leur gestion qui est
excellente comme le prouvent les résultats.

La structure de type hedge fund comporte une grille de commissions plus élevée que celle des fonds institutionnels traditionnels.
Pourquoi adopter un tel système qui semble plus coûteux pour
réaliser des stratégies d'investissement traditionnelles ? La réponse

---

1. L'exposition (nette) au marché est la somme des positions longues et courtes
   que prend l'investisseur.

est que la structure de type hedge fund aligne mieux les intérêts des gérants et les nôtres. La réduction des coûts d'agence crée un environnement favorable à des rendements nets supérieurs.

Dans la structure de type hedge fund, le gérant a une forte incitation à rechercher l'excellence, et à prendre des positions en sens opposé à la tendance générale (*contrarian*)[1] si elles offrent des perspectives attractives. Il est important de souligner que le gérant peut gagner des sommes extraordinaires si notre portefeuille est performant, ce qui n'est pas le cas avec les grilles de commissions traditionnelles qui incitent les gérants à augmenter continuellement les actifs, sans doute au-delà du point où ces actifs deviennent plus importants que les opportunités les plus intéressantes. Au contraire, le gérant de hedge fund peut devenir fabuleusement riche en limitant les actifs à une taille appropriée.

La structure de type hedge fund, telle qu'elle est pratiquée par Princeton et d'autres clients avertis, dissuade les gérants de prendre des risques excessifs. Tous nos gérants ont une part significative, en général la majeure partie, de leur patrimoine net investi en même temps que nous. Cela signifie que, s'ils font un pari qui se traduit par un résultat malencontreux, ils "sentent notre douleur".

Bien entendu, des intérêts qui coïncident ne garantissent pas à eux seuls une performance supérieure. Notre décision d'investir dans un hedge fund présuppose que son gérant peut ajouter plus de valeur que les commissions que nous lui payons. Si nous faisons une erreur de jugement, notre décision est "sous-optimale". Mais il en va de même pour toutes les décisions qui impliquent de se lancer dans la gestion active, qu'il s'agisse d'une relation de type hedge fund, d'un fonds commun de placement, d'un OPCVM, ou d'un compte chez un courtier.

Environ 30 % de notre *endowment* sont investis dans seize hedge funds qui suivent des stratégies moins traditionnelles que les quatorze précités. Nos gérants de "rendement indépendant" se concentrent sur des domaines où les inefficacités du marché sont si importantes que les gérants espèrent obtenir des rendements équivalents à ceux des actions avec des niveaux de risque comparables à ceux des investissements traditionnels en actions. Pour donner une idée des

---

1. Le gérant *contrarian* investit à contre-tendance, comme le faisait Keynes.

niveaux de risque qu'acceptent nos gérants, je prends une mesure *ex post* imparfaite mais néanmoins explicative du risque : l'écart-type annualisé des rendements mensuels. Nos gérants de "rendement indépendant" ont globalement supporté des niveaux de risque plus proches (écart-type = 7 %) des obligations (écart-type = 4 %) que des actions (écart-type = 13 %). Il est important de souligner que les rendements de nos gérants sont largement déterminés par des facteurs particuliers (idiosyncrasiques), et donc que leur performance a dans la plupart des cas une faible corrélation avec les grandes variations des marchés. Cette faible corrélation signifie que notre programme de "rendement indépendant" a été particulièrement efficace pour réduire le risque total de notre portefeuille. Le portefeuille de "rendement indépendant" a ainsi eu un impact stabilisateur sur la performance de l'*endowment* au cours de tous les retournements à la baisse du marché depuis 1995. Ce phénomène reflète bien entendu le facteur chance. Une faible corrélation ne veut pas dire une corrélation négative. Il faut donc s'attendre à ce qu'il y ait des périodes où le programme de "rendement indépendant" évolue de façon similaire au marché dans son ensemble, et donc qu'il exacerbe les pertes d'autres secteurs de l'*endowment* plutôt que de les compenser.

Nos gérants de "rendement indépendant" se répartissent en deux groupes de taille assez semblable. Le premier groupe comprend des gérants qui travaillent sur les marchés actions et qui sont capables d'acheter mais aussi de vendre à découvert. Le second groupe utilise des stratégies d'arbitrage et des stratégies événementielles (*event driven*), par exemple investir dans les titres de sociétés en difficulté, dans lesquelles le résultat de l'investissement dépend de la réalisation d'événements uniques.

Nous n'investissons pas auprès de gérants qui suivent des stratégies particulièrement opaques ou des stratégies dans lesquelles nous ne comprenons pas comment le gérant peut obtenir un "avantage". Nous n'investissons donc pas avec des gérants du type *global macro* ni avec des gérants qui utilisent des modèles "boîte noire". Nos gérants n'utilisent pas de manière significative l'effet de levier. Nos gérants de rendement indépendant ont globalement une exposition nette au marché de 40 % actions et 45 % obligations. L'exposition brute (*gross exposure*) (qui représente la somme absolue de toutes les positions courtes et longues) est de 166 %. Les expositions indiquées reflètent les valeurs de marché et elles ne sont pas ajustées pour les différences des risques inhérents aux positions (bêta). Néanmoins les chiffres devraient donner une bonne idée du fait que notre programme de "rendement indépendant" n'est pas un programme "turbo" !

D'ailleurs nous n'avons jamais été attirés par des « hedge funds » qui ont réalisé des rendements extraordinairement élevés. Nous estimons que de tels rendements ne peuvent être atteints qu'en prenant des risques excessifs. Il y a quelques années, nous avons ainsi retiré nos investissements d'un « hedge fund » qui venait de réaliser un gain de 80 % en un an. Nous avons pris cette décision en partie parce que nous pensions que le profil de risque de ce gérant devenait trop agressif. Les résultats ultérieurs de ce gérant ont confirmé nos hypothèses.

Notre approche "sans turbo" a néanmoins réalisé une solide performance puisque, sur dix ans, le rendement annualisé de notre programme de "rendement indépendant" atteint 16,4 %.

Notre succès dans l'investissement en hedge funds est le résultat de plusieurs facteurs. Nous avons d'abord certains avantages naturels comme investisseur. Les réputations de Princeton et de PRINCO font de nous des clients très désirables, ce qui fait que nous avons accès à des gérants qui délaissent d'autres clients pour limiter les actifs à la taille optimale. Nos réseaux de renseignement sont largement soutenus par les apports d'anciens étudiants très qualifiés. Nous avons un horizon d'investissement qui est naturellement à long terme et nos besoins de liquidité sont faibles, ce qui nous permet d'utiliser une palette très large de stratégies d'investissement. Nos actifs sont de type "Boucle d'Or" : suffisamment petits pour que des opportunités de petite taille, bien choisies, puissent avoir un impact significatif sur nos résultats, mais suffisamment grands pour permettre de réaliser de manière économique les activités de sélection[1] et de suivi de l'activité des gérants.

Un des facteurs les plus importants du succès de nos investissements de « hedge fund » est d'ailleurs le niveau exhaustif de recherche et d'analyse que nous effectuons avant d'embaucher

---

1. Le terme anglo-saxon est *due diligence* : la recherche et l'analyse d'une société ou d'une organisation qui est faite antérieurement à un accord avec cette entité.

un gérant, et les efforts considérables que nous faisons pour suivre le gérant après son recrutement. Nous consacrons en moyenne 400 heures de travail à notre procédure de sélection avant d'investir dans un hedge fund. Plusieurs gérants ont d'ailleurs noté des ressemblances entre notre procédure de sélection et un examen médical. La procédure comprend plusieurs entretiens avec le gérant, y compris au moins un entretien dans ses bureaux. Nous passons beaucoup de temps à examiner la composition des portefeuilles et les positions particulières qui sont prises. Nous regardons des dossiers d'investissement choisis au hasard pour voir s'il y a des indications montrant que le gérant a bien considéré les éventualités négatives. Nous vérifions des dizaines de références, en utilisant nos réseaux pour aller au-delà des références fournies par le gérant. Une bonne partie de notre enquête a pour but de connaître le caractère et les motivations du gérant. C'est vital, car il est impossible de faire un contrat de "bon comportement".

L'intensité de notre examen du gérant ne faiblit pas après son recrutement. Nous consacrons environ 70 heures par an à suivre chacun de nos hedge funds. Après avoir investi dans un hedge fund, nous continuons à rencontrer le gérant dans ses bureaux et même de temps à autre à vérifier ses références.

L'importance de notre travail d'analyse et de suivi est un élément clé de notre réussite, mais le facteur de succès le plus important est que nous avons toujours suivi impérativement une règle simple : nous n'investissons pas dans quelque chose que nous ne comprenons pas.

Je pense que la qualité de notre procédure d'analyse est significative, mais qu'elle n'est pas unique. Je pense qu'un nombre important d'investisseurs en hedge funds réalisent des niveaux corrects de *due diligence*, mais beaucoup d'investisseurs ne le font pas. Ce phénomène n'est d'ailleurs pas limité aux investisseurs dans les hedge funds. Dans tous les domaines d'investissement, on trouve des investisseurs qui ne procèdent pas au préalable à une analyse sérieuse.

Les marchés qui recherchent l'argent de clients, en particulier de clients institutionnels, fournissent une certaine discipline en ce sens qu'un gérant qui n'a pas de méthodes sérieuses et d'opérations bien structurées a normalement des difficultés à lever des

fonds importants. Mais cette discipline de marché est relativement faible, comme l'a montré l'épisode Amaranth[1], sans pour
autant qu'elle entraîne des dangers, en particulier un risque systémique[2]. On peut noter que les marchés financiers, de matières
premières et de dérivés ont facilement absorbé l'effondrement
d'Amaranth.

Il est également intéressant de noter qu'avec la croissance du secteur
des hedge funds, il devient de plus en plus habituel que des hedge
funds se retrouvent de part et d'autre des transactions. De cette
façon, les hedge funds apportent leur propre discipline de marché
qui limite le risque systémique. En d'autres termes, les hedge funds
n'agissent pas comme un ensemble monolithique. Ils se fournissent
mutuellement de la liquidité et de cette façon ils aident à créer des
marchés plus ordonnés.

La description de notre processus d'analyse et de recherche montre
clairement que les hedge funds dans lesquels nous investissons nous
fournissent une transparence adéquate. Nous demandons une telle
transparence, mais tous les gérants ne sont pas disposés à la fournir.
Dans ce cas, nous sommes parfaitement satisfaits de nous abstenir. Il y
a eu des cas où les hedge funds dans lesquels nous avions décidé de ne
pas investir à cause d'une transparence insuffisante ont eu par la suite
des résultats fantastiques. Je ne regrette pas d'avoir pris ces décisions.

Quant à savoir si les autres investisseurs sont capables d'obtenir une
transparence suffisante, la réponse devrait être "oui", car aucun
investisseur n'est obligé d'investir dans un hedge fund particulier. S'il
investit dans un hedge fund, c'est qu'il pense qu'il a une information
suffisante pour prendre cette décision. Il faut insister sur le fait qu'à la
différence des mutual funds, les hedge funds sont réservés à des
investisseurs avertis, c'est-à-dire capables de savoir s'ils ont une information suffisante pour investir dans un fonds. Je ne pense pas que les
investisseurs "avertis" qui investissent dans n'importe quel support,
que ce soit un hedge fund ou autre chose, sans être certains d'avoir
l'information nécessaire, méritent qu'on les plaigne, et encore moins
qu'on les protège par des réglementations spécifiques.

1. La faillite d'Amaranth est présentée dans le chapitre 3 « La déjà longue histoire des hedge funds ».
2. Voir le chapitre 9 « Les hedge funds et le risque systémique ».

La transparence fait référence à la disponibilité de l'information. Une question différente est de savoir si l'investisseur dispose de la capacité et du temps nécessaire pour traiter cette information. Si la réponse est "non", l'investisseur viole alors la règle de bon sens que j'ai évoquée plus haut : "Ne pas investir dans quelque chose qu'on ne comprend pas". Je ne pense pas, encore une fois, que ceux qui violent cette règle méritent qu'on les plaigne ou qu'on les protège par de nouvelles réglementations. Je pense même que les gestionnaires de fonds qui violent significativement cette règle devraient être poursuivis en justice.

Comprendre comment est effectué un investissement ne garantit pas nécessairement de bons résultats, mais des investisseurs avertis devraient comprendre qu'un risque de type actions entraîne la possibilité d'une sous-performance, d'une perte substantielle, voire même la perte complète de l'investissement. Tous les investissements que Princeton a réalisés ne se sont pas bien passés, mais nous acceptons la responsabilité d'avoir fait ces choix d'investissement.

On entend de plus en plus souvent dire que la croissance du secteur des hedge funds entraîne un risque accru que certains investisseurs dans des hedge funds perdent de l'argent. Je ne pense pas que ce soit un risque ; c'est une certitude que certains investisseurs subiront des pertes significatives dans leurs investissements de hedge funds. Il est probable que tous les investisseurs subiront certaines pertes. Mais tous ces événements font partie intégrante de l'exposition au risque du marché boursier.

Pour avoir des éléments de comparaison, il faut se souvenir qu'après l'éclatement de la bulle technologique en mars 2000, les investisseurs en actions américaines ont collectivement perdu 7 000 milliards de dollars[1]. Parmi les perdants on trouve des investisseurs avertis et d'autres qui l'étaient moins, des fondations, des fonds de retraite et des gens ordinaires. Les pertes ont été réalisées quels que soient les types d'organismes de placement collectif, qu'il s'agisse de comptes institutionnels, de comptes de courtiers de détail, de mutual funds ou de hedge funds. Les pertes de 7 000 milliards de dollars relativisent les craintes évoquées à propos du secteur des hedge funds, dans lequel l'exposition totale des investisseurs est comprise entre 1 000 et 2 000 milliards de dollars.

---

1. Pour avoir un ordre de grandeur, rappelons que le produit intérieur brut de la France est de l'ordre de 2 000 milliards de dollars.

J'ai parlé des niveaux relativement faibles de l'effet de levier utilisé dans le programme de hedge funds de Princeton. Je sais qu'il existe des hedge funds qui utilisent largement plus l'effet de levier. Je pense qu'il est très probable que certains hedge funds utilisent des niveaux imprudents d'effet de levier et je prévois que ceux qui investissent dans de tels fonds éprouveront probablement des surprises désagréables dans le futur. Quand cela se produira, cela ne fera que prouver que l'investisseur de hedge fund était exposé à un risque de type action.

On m'a demandé de dire si les pratiques du marché s'étaient améliorées depuis la publication du rapport CRMPG II[1]. Les conversations avec nos gérants indiquent que depuis deux ans les pratiques de marchés concernant les dérivés de gré à gré ont évolué et qu'il y a une plus grande discipline dans la documentation des transactions que par le passé.

On m'a demandé de donner mon opinion sur le rôle approprié du gouvernement en ce qui concerne les « hedge funds », leurs activités sur les marchés, et ceux qui investissent dans ces fonds. Je pense que le groupe de travail a bien travaillé. Les hedge funds rendent les marchés plus efficients. Les marchés bénéficient du fait d'avoir des participants qui peuvent opérer avec des contraintes d'agence minimales.

Pour éviter l'institutionnalisation des « hedge funds », c'est-à-dire pour ne pas qu'ils soient obligés de développer leurs propres contraintes d'agence, il faut que leurs sources de financement soient limitées à des investisseurs avertis, capables d'évaluer eux-mêmes la qualité des gérants de hedge funds. Je pense depuis longtemps qu'il faut relever les niveaux de revenus et de patrimoine qui sont utilisés pour déterminer si un investisseur est suffisamment "sophistiqué".

L'obligation pour tout hedge fund d'être enregistré auprès de la *Securities and Exchange Commission* est une mesure qui est dans l'air du temps, mais qui ne sert pas à grand-chose : je souligne que Princeton pratique exactement les mêmes sélections (*due diligence*) sur les gérants qui sont enregistrés que sur ceux qui ne le sont pas.

Je crains que cet enregistrement auprès de la SEC ne soit interprété comme une marque d'approbation, comme peut l'être le

---

1. Le rapport du *Counterparty Risk Management Policy Group* a été publié en 2005. Voir le chapitre 9 « Les hedge funds et le risque systémique ».

cachet d'UL[1] sur les appareils électriques. Il est facile d'imaginer que cet enregistrement obligatoire ajoute encore plus d'incompréhension aux risques inhérents aux « hedge funds ».

Certaines craintes ont été évoquées sur la possibilité que des gens ordinaires soient exposés aux hedge funds par l'intermédiaire de leurs fonds de retraite. Il est clair que "l'homme de la rue" n'est pas apte à apprécier le risque de l'investissement d'un hedge fund, mais les gérants professionnels des fonds de retraite sont suffisamment avertis pour se poser la question "Est-ce que je comprends dans quoi j'investis ?".

Si le Congrès pense que cela ne constitue pas une protection suffisante, il faudrait peut-être amender ERISA[2] pour que les fonds de retraite ne puissent être dirigés que par des gérants enregistrés auprès de la SEC. Je pense toutefois qu'il serait préférable que des efforts soient faits pour s'assurer qu'il y a des mécanismes permettant de rendre responsables ceux qui ont des responsabilités fiduciaires dans les fonds de retraite. Les responsables fiduciaires qui n'ont pas été capables de comprendre un investissement ou qui ont placé des montants importants de leurs portefeuilles dans un investissement risqué devraient en subir les conséquences.

En ce qui concerne la réglementation de l'activité des hedge funds sur les marchés, je pense donc que le groupe de travail ne s'est pas trompé. Pour garantir des marchés loyaux et contrôler les risques systémiques, la solution la plus sensée et la plus efficace est de concentrer la supervision réglementaire et la supervision privée sur les grandes institutions financières qui jouent le rôle de contreparties et de prêteurs. Il faut suivre le dicton du célèbre "braqueur" de banques Willie Sutton et orienter nos activités vers "là où ils gardent l'argent"[3]. »

---

1. *Underwriters Laboratories Inc.* est une organisation privée à but non lucratif créée en 1894 dont le but est de certifier les produits et équipements. Le sigle CE européen est son équivalent.
2. La loi de 1974 intitulée *Employee Retirement Income Security Act*, baptisée ERISA, fixe des normes minimales pour les plans de retraite dans le secteur privé et détermine les règles fiscales qui s'appliquent aux différents plans d'épargne-retraite.
3. « *Go where the money is… and go there often.* » La devise de William « Willie » Sutton est devenue « la loi de Sutton » pour les étudiants en médecine américains. On la retrouve également en contrôle de gestion sous la forme de « la règle de Willie Sutton » qui explique qu'il faut chercher à réduire les coûts là où ils sont les plus importants.

Que faut-il retenir ?

Depuis la quasi-faillite du fonds spéculatif Long-Term Capital Management en septembre 1998, le secteur public et la profession ont accordé une grande attention aux risques liés à l'activité des hedge funds et à la réglementation qui pouvait y être appliquée. Le consensus des acteurs est que : pour être efficace, la réglementation des hedge funds doit être réalisée dans des instances internationales appropriées ; pour être pertinente, elle doit élaborer des normes acceptables et acceptées par tous les acteurs concernés par le développement de cette industrie ; pour pouvoir faire l'objet de contrôles appropriés, elle doit résulter d'une convergence des règles adoptées par les différents régulateurs nationaux[1].

Mais les débats sur la réglementation des hedge funds devraient se poursuivre encore longtemps puisque, d'une part, la supervision indirecte des hedge funds a été rendue plus efficace au fil du temps et qu'elle pourrait l'être davantage encore, et que, d'autre part, il n'y a pas à l'heure actuelle de consensus international permettant d'envisager le développement d'un régime de réglementation directe pour les hedge funds.

1. « L'Autorité des marchés financiers, et les réflexions sur la régulation internationale des "hedge funds" », *Revue mensuelle de l'Autorité des marchés financiers*, n° 32, janvier 2007.

Chapitre 8

Le rôle complexe des hedge funds[1]

Dans le cours de notre analyse nous montrerons ultérieurement que, ce faisant, on confond capital-argent et capital moneyed (monnayé), pris dans l'acceptation de capital porteur d'intérêt, tandis que, dans son sens primitif, le capital-argent n'est toujours qu'une forme transitoire du capital, différant des autres formes de celui-ci : capital-marchandise et capital productif.

Karl Marx, *Le capital*[2].

L e rôle que jouent les hedge funds sur les marchés de capitaux ne peut pas être quantifié avec précision. Le problème fondamental vient de la définition imprécise des hedge funds et du fait que les distinctions entre les hedge funds et les autres types de fonds sont de plus en plus arbitraires. Les hedge funds sont souvent caractérisés comme étant des fonds privés non réglementés, qui peuvent utiliser un effet de levier significatif et employer des stratégies complexes utilisant des dérivés ou d'autres instruments financiers nouveaux. Les fonds d'investissement en capital (*private equity*)[3] ne sont généralement pas considérés comme des hedge funds, et pourtant ils ne sont pour la plupart pas réglementés et utilisent largement l'effet de levier lorsqu'ils investissent dans des sociétés. De même, les gérants d'actifs de type traditionnel utilisent de plus en plus les dérivés et investissent dans des titres structurés qui leur permettent d'avoir un effet de levier ou d'établir des positions courtes.

---

1. Déposition de Patrick Parkinson, *Federal Reserve Board*, devant la Commission bancaire du Sénat le 16 mai 2006.
2. *Le capital*, livre III, tome 2, Éditions sociales, 1967.
3. Voir l'Association française des investisseurs en capital : AFIC, 23, rue de l'Arcade, 75008 Paris, *www@afic.asso.fr*

Les données sur les hedge funds sont incomplètes

Il existe plusieurs bases de données sur les hedge funds qui sont proposées par des organismes privés, mais ces bases ne couvrent que les hedge funds qui fournissent volontairement des informations[1]. Les données ne sont donc pas complètes ; de plus, comme les fonds qui acceptent de fournir des informations ne sont peut-être pas représentatifs de l'ensemble des hedge funds, les généralisations qui s'appuient sur ces bases de données peuvent être trompeuses. Les données que collecte la *Securities and Exchange Commission* auprès des conseillers de hedge funds qui sont enregistrés sont également incomplètes. Le but premier de cet enregistrement est de protéger les investisseurs en limitant la fraude due aux hedge funds. Mais la SEC n'oblige pas un conseiller de hedge fund, quelle que soit la taille du fonds, à s'enregistrer si le fonds ne permet pas aux investisseurs de retirer leurs avoirs avant une période de *lock-up* de deux ans. L'enregistrement des conseillers de ces fonds n'est peut-être pas nécessaire pour lutter contre la fraude, mais leur exclusion de la base de données rend celle-ci moins utile pour quantifier le rôle joué par les hedge funds sur les marchés de capitaux.

Qu'un fonds soit inclus dans une base de données privée ou que son conseiller soit enregistré auprès de la SEC, les informations disponibles restent très sommaires. La seule information quantitative que la SEC collecte actuellement a trait au montant total des actifs gérés. Les bases de données privées fournissent en général ce montant ainsi que des informations sommaires sur la façon dont ces actifs sont répartis suivant les différentes stratégies d'investissement, mais elles ne fournissent pas de bilans détaillés. Certaines bases de données fournissent des informations sur l'utilisation de l'effet de levier, mais leur définition de cet effet de levier n'est pas claire. En effet, comme les hedge funds et d'autres participants des

---

1. Les analystes s'accordent généralement pour utiliser les bases de données Lipper TASS (*Trading Advisors Selection System*) qui proposent onze catégories possibles de hedge funds, dix de ces catégories correspondant aux définitions des indices CSFB/Tremont.

marchés utilisent de plus en plus de produits financiers tels les dérivés et les actifs titrisés qui incorporent un effet de levier, les mesures traditionnelles ne sont plus guère utiles. Les mesures économiques de l'effet de levier sont donc complexes et elles dépendent fortement des hypothèses faites sur la liquidité des marchés sur lesquels les instruments financiers peuvent être vendus ou couverts.

Il n'en reste pas moins que s'il est difficile de quantifier précisément le rôle des hedge funds sur les marchés de capitaux, l'importance croissante de ce rôle est claire. On dit généralement que les actifs totaux gérés par les hedge funds dépassent largement 1 000 milliards de dollars. De plus, les hedge funds peuvent exercer un effet de levier sur ces actifs à la fois en empruntant et en utilisant des dérivés, des ventes à découvert et des titres structurés. Leur impact sur le marché est de plus accru par les échanges extrêmement actifs auxquels se livrent certains hedge funds. Les volumes échangés par ces fonds représentent des parts significatives des volumes totaux échangés sur certains segments des marchés obligataires, des marchés actions et des marchés dérivés.

LE POIDS DES HEDGE FUNDS SUR LES MARCHÉS FINANCIERS AMÉRICAINS
Parts de marché en %

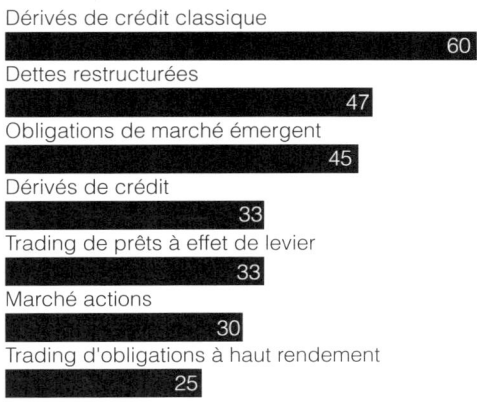

Source : « Global Financial Stability Report », FMI, avril 2007.

Graphique 1 – La place des « hedge funds » sur les marchés de capitaux

Les hedge funds représentent-ils une force stabilisatrice ?

Les hedge funds sont déjà de façon conséquente et croissante des fournisseurs de liquidité et des absorbeurs de risque sur plusieurs marchés de capitaux. Une étude des marchés d'options de taux d'intérêt sur le dollar américain a montré que les participants considéraient que les hedge funds représentaient une force stabilisatrice non négligeable. En particulier, lorsque les marchés d'options et d'autres marchés de taux d'intérêt ont subi des tensions au cours de l'été 2003, la capacité des hedge funds à vendre des options à la suite d'une envolée des prix des options a restauré la liquidité du marché et limité les pertes des vendeurs de dérivés et des investisseurs en prêts hypothécaires et en titres basés sur des prêts hypothécaires (*mortgage-backed securities*). Les hedge funds sont également des acheteurs importants des actions les plus risquées et de tranches subordonnées d'obligations de dette collatéralisées (*CDOs*) et de titres basés sur des actifs telles des hypothèques résidentielles non conformes.

Le rôle croissant des hedge funds suscite cependant certaines inquiétudes pour les pouvoirs publics. Les autorités réglementaires sont concernées par trois problèmes :

- les investisseurs des hedge funds peuvent-ils se protéger adéquatement des risques de tels investissements ?
- l'effet de levier utilisé par les hedge funds est-il efficacement limité ?
- quels sont les risques potentiels posés par les hedge funds au système financier lorsque leur effet de levier devient excessif ?

La protection des investisseurs

Les hedge funds et leurs conseillers d'investissement sont exemptés de la plupart des lois fédérales[1] sur les titres. Ces lois permettent uniquement à des institutions et à des individus relativement

---

1. Il s'agit des lois édictées par le gouvernement américain et qui concernent les cinquante États de l'Union. Voir chapitre 7.

fortunés d'investir dans des hedge funds. De tels investisseurs sont, semble-t-il, en mesure de se protéger des risques associés aux hedge funds. Au cours des dernières années, les hedge funds se sont davantage adressés à une clientèle moins fortunée. De plus, les fonds de retraite (*pension funds*), dont la plupart des bénéficiaires ne sont pas riches, ont augmenté leurs investissements dans les hedge funds.

Les inquiétudes sur l'exposition potentielle directe et indirecte d'investisseurs peu fortunés aux investissements et à la fraude des hedge funds ont contribué à la décision de la SEC prise en décembre 2004, qui oblige de nombreux conseillers d'investissement des hedge funds ouverts aux investisseurs américains à s'enregistrer auprès de la Commission[1].

La SEC pense que l'examen des conseillers de hedge funds enregistrés empêchera la fraude. Mais la fraude est très difficile à déceler, même par des enquêtes *in situ*. Il est donc essentiel que les investisseurs ne considèrent pas l'enregistrement des conseillers par la SEC comme un substitut efficace à leur propre enquête[2] lorsqu'ils sélectionnent les fonds et à leur propre suivi de la performance de ces fonds. La plupart des investisseurs institutionnels comprennent très bien cela. Lors d'une enquête sur les fondations et les *endowments* des universités, 70 % des répondants ont dit que l'enregistrement ou l'absence d'enregistrement auprès de la SEC n'avait aucune influence sur leur décision d'investir ou non, car leurs institutions conduisaient leur propre enquête.

Dans le cas des fonds de retraite, leurs dirigeants et leurs organes réglementaires devraient s'assurer que les fonds ont réalisé une enquête appropriée sur tous leurs investissements, et pas uniquement sur leurs investissements dans les hedge funds. Les fonds de retraite et d'autres investisseurs institutionnels semblent avoir un

---

1. La mesure d'enregistrement des conseillers d'investissement de fonds ayant plus de 25 millions de dollars d'actifs sous gestion et plus de 15 investisseurs est entrée en vigueur le 1er février 2006, mais elle a été suspendue en juin 2006 à la suite de la décision de la cour d'appel du district de Columbia.
2. La *due diligence* est le processus de vérification des informations données par le hedge fund. Il s'agit d'une protection active contre les malversations.

appétit croissant pour remplacer leurs investissements traditionnels, en actions et obligations, par des solutions alternatives tels les matières premières, l'immobilier et le capital-investissement, et leurs investissements dans les hedge funds ne représentent qu'une des méthodes par lesquelles ils peuvent accéder à ces actifs alternatifs. L'enregistrement des conseillers des hedge funds ne peut pas suffire à protéger les bénéficiaires d'un fonds de retraite de l'incapacité des dirigeants du fonds à respecter leurs obligations fiduciaires.

Pour ce qui est des investisseurs individuels, les critères de revenus et de patrimoine qui définissent les investisseurs qui peuvent participer à des hedge funds représentent des mesures grossières de la sophistication désirée. Si des individus à patrimoine relativement modeste deviennent de plus en plus les victimes de la fraude des hedge funds, il peut sembler approprié de durcir les critères s'appliquant aux investisseurs individuels.

L'effet de levier excessif

La quasi-faillite du hedge fund Long-Term Capital Management (LTCM) en septembre 1998 a illustré la possibilité qu'un important hedge fund utilise de manière excessive l'effet de levier et a suscité des craintes qu'une liquidation forcée des énormes positions détenues par un fonds à très fort effet de levier ne crée un risque systémique en exacerbant la volatilité du marché et en engendrant l'illiquidité des marchés. Dans notre économie de marché, le mécanisme essentiel de régulation de l'effet de levier est la discipline de marché qu'imposent les créanciers et les contreparties. Même dans le cas où le gouvernement supervise l'effet de levier, comme c'est le cas pour les banques et les courtiers, cette surveillance est censée s'ajouter à la discipline de marché plutôt que la remplacer. Dans le cas de LTCM, la discipline de marché s'est toutefois effondrée.

Suite à l'affaire LTCM, le *President's Working Group on Financial Markets* a cherché à déterminer comment limiter au mieux l'effet de levier excessif des hedge funds. Dans ses conclusions, le groupe de travail a considéré que l'effet de levier des hedge funds pouvait être efficacement limité par la mise en place des mesures pour renforcer la discipline de marché en améliorant la gestion du risque de crédit par les créanciers et les contreparties des hedge funds qui sont presque tous des banques et des sociétés de titres réglementées.

Le groupe de travail a appelé cette méthode la « réglementation indirecte » des hedge funds. Il a examiné la solution alternative consistant à réglementer directement les hedge funds, mais il a considéré que la mise en place d'un système réglementaire pour les hedge funds présenterait d'énormes difficultés en termes de coût et d'efficacité, tandis que la réglementation indirecte permettrait à la fois de répondre plus efficacement aux inquiétudes sur les risques systémiques et d'éviter les coûts potentiels induits par la réglementation directe.

Les recommandations de la Réserve fédérale

Le groupe de travail a fait une série de recommandations pour améliorer la discipline de marché des hedge funds, ainsi que les pratiques de gestion du risque de crédit par les banques et les sociétés de titres qui sont les contreparties et les créanciers des hedge funds. La Réserve fédérale, qui est le superviseur réglementaire des banques et des sociétés financières exerçant leur activité aux États-Unis, a travaillé avec d'autres organismes réglementaires américains et étrangers pour appliquer les améliorations nécessaires. La coopération réglementaire internationale est essentielle dans ce domaine car des banques non américaines figurent parmi les principaux créanciers et contreparties des hedge funds.

En 1999, le Comité de Bâle sur la supervision bancaire a publié une série de recommandations visant à sécuriser les pratiques de gestion des risques de contreparties par les hedge funds et d'autres institutions à fort effet de levier (IFEL).

À la même époque, la Réserve fédérale, la *Securities and Exchange Commission* et le ministère du Trésor (*Treasury Department*) ont incité douze banques et sociétés de titres importantes à constituer un groupe de travail sur la gestion du risque de contrepartie (*Counterparty Risk Management Policy Group*). En juillet 1999, ce groupe de travail a publié ses propres recommandations pour améliorer les pratiques de gestion du risque de contrepartie.

La Réserve fédérale a intégré les « saines pratiques » du Comité de Bâle dans ses procédures de surveillance des activités des banques sur les marchés de capitaux. D'une façon générale, les bilans qui sont régulièrement dressés des pratiques de gestion des risques de contrepartie ayant trait aux hedge funds et à d'autres IFEL ont pour but de s'assurer que les banques :

– effectuent une analyse appropriée des activités, de l'exposition au risque et de la structure d'endettement de leurs contreparties ;

– établissent, surveillent et font appliquer des limites appropriées d'exposition au risque pour chacune de leurs contreparties ;

– utilisent des systèmes appropriés pour mesurer et gérer le risque de crédit de leurs contreparties ;

– mettent en place des contrôles internes appropriés pour assurer l'intégrité de leurs méthodes de gestion du risque de contrepartie.

Selon la majorité des superviseurs et des participants au marché, la gestion des risques de contrepartie s'est significativement améliorée depuis l'affaire LTCM de 1998. Depuis cette date, les hedge funds ont toutefois considérablement développé leurs stratégies et leurs activités, tandis que les banques et les sociétés de titres se livrent à une concurrence intense pour s'octroyer le marché des hedge funds. De plus, certains hedge funds font partie des investisseurs les plus actifs dans les produits financiers structurés nouveaux et complexes, des produits dont l'évaluation et la mesure du risque sont particulièrement difficiles tant pour les fonds eux-mêmes que pour leurs contreparties.

Les superviseurs et les contreparties doivent donc s'assurer que les pressions concurrentielles n'entraînent pas un affaiblissement significatif de la gestion du risque de contrepartie et que les pratiques de gestion du risque évoluent de manière à faire face à la complexité accrue des instruments financiers utilisés par les hedge funds.

L'amélioration des infrastructures

La Réserve fédérale a également cherché à limiter la possibilité que les hedge funds soient une source de risque systémique en s'assurant que l'infrastructure de compensation et règlement-livraison qui supporte les marchés sur lesquels interviennent les hedge funds soit robuste. Les hedge funds ont contribué depuis quelques années à la croissance extraordinaire des marchés de dérivés de crédit. Un rapport de juillet 2005 du nouveau groupe de travail sur la gestion du risque de contrepartie a attiré l'attention sur le fait que l'évolution de l'infrastructure de compensation et règlement-livraison des dérivés de crédit − et, plus généralement des dérivés de gré à gré (*over-the-counter derivatives*) − n'avait pas suivi l'explosion du volume des échanges. En particulier, le volume des confirmations d'ordre non signées avait fortement crû et les dealers acceptaient de plus en plus souvent des réquisitions[1] d'une contrepartie sans avoir obtenu le consentement préalable de l'autre, alors que la réglementation demande de fournir la preuve d'un tel accord.

Pour traiter les problèmes de compensation et de règlement-livraison des dérivés de crédit, la Banque de réserve fédérale de New York a réuni en septembre 2005 quatorze intervenants majeurs sur les marchés de dérivés. Les superviseurs de ces institutions financières ont collectivement exprimé leurs inquiétudes quant aux risques créés par les insuffisances de l'infrastructure et ont demandé aux sociétés concernées de proposer des solutions pour

---

1. Le vendeur d'options est lié à la décision des acheteurs d'options. Sur réquisition (*assignment*) des acheteurs, le vendeur d'un *call* doit vendre l'actif sous-jacent (titres, indices, taux, devises, *commodities*) et le vendeur d'un *put* doit acheter l'actif sous-jacent.

faire face à ces problèmes. Depuis cette date, les progrès ont été remarquables. La pratique des livraisons non autorisées au préalable a quasiment cessé et les dealers répondent maintenant rapidement aux demandes d'autorisation des réquisitions. La réduction d'environ 70 % du nombre des confirmations de dérivés de crédit en attente depuis plus de trente jours a été rendue possible en partie grâce à l'utilisation plus intensive et plus générale du système de confirmation électronique géré par la *Depository Trust & Clearing Corporation* (DTCC)[1].

Des progrès supplémentaires sont nécessaires

Les superviseurs et les participants du marché reconnaissent toutefois que des progrès supplémentaires sont nécessaires. L'objectif affiché est d'atteindre un « état d'équilibre ». Cet état d'équilibre devrait comprendre :

- la création d'un marché électronique où tous les ordres qu'il est possible de traiter électroniquement le seront ;
- la création par la DTCC d'une base de données de l'ensemble des activités du secteur et d'une infrastructure permettant de standardiser et de traiter automatiquement les événements qui surviennent dans l'histoire de chaque contrat ;
- la mise en place de nouvelles normes de traitement pour les ordres qui ne peuvent pas être confirmés électroniquement ;
- la création d'une plateforme automatisée pour enregistrer les notifications et les confirmations des *trade assignments*. La principale association de l'industrie des hedge funds[2] a confirmé son soutien aux engagements pris par les dealers.

---

1. *The Depository Trust & Clearing Corporation* (DTCC), créée en 1972, est la plus importante organisation de règlement-livraison et de compensation au monde. Elle a été établie pour permettre aux acheteurs et aux vendeurs de titres de réaliser leurs échanges et de régler et livrer les résultats de leurs transactions. *Euroclear* (Bruxelles) et *Clearstream* (Luxembourg) jouent le même rôle en Europe.
2. *Managed Funds Association, www.mfainfo.org*

Que faut-il retenir ?

Les hedge funds sont clairement devenus des acteurs incontournables sur les marchés de capitaux à la fois comme sources de liquidité et comme détenteurs et gestionnaires du risque. Mais l'importance accrue du secteur suscite à son tour une augmentation des inquiétudes quant à la protection des investisseurs et au risque systémique.

La *Securities and Exchange Commission* estime que le contrôle des gérants de hedge funds qui sont enregistrés auprès de ses services empêchera la fraude à l'encontre des investisseurs. Mais les investisseurs ne doivent pas considérer que la réglementation des gérants par la SEC constitue un substitut efficace à leur propre analyse dans la sélection des fonds et dans leur propre suivi des performances des hedge funds.

Après l'affaire LTCM, le groupe de travail PWG a cherché à savoir comment réduire les inquiétudes quant aux risques systémiques potentiels dus à l'effet de levier excessif des hedge funds. Le groupe de travail a conclu que l'effet de levier pouvait être efficacement limité par la mise en place de mesures qui accroissent la discipline de marché et qui améliorent la gestion du risque de crédit pour les contreparties et les créanciers des fonds[1].

Le groupe de travail a étudié la solution alternative qui consisterait à réglementer directement les hedge funds, mais il a conclu que cette solution serait plus coûteuse et moins efficace qu'une approche centrée sur la discipline de marché.

La Réserve fédérale a cherché à appliquer une discipline de marché appropriée en coopérant avec d'autres organismes réglementaires pour promouvoir une gestion du risque de contrepartie efficace. La Réserve fédérale a également cherché à limiter la possibilité que les hedge funds représentent un risque systémique en s'assurant que l'infrastructure de compensation et de règlement-livraison qui soutient le marché soit robuste.

---

1. Depuis cette date, d'autres Banques centrales ont publié des travaux sur la supervision indirecte des hedge funds. Voir, par exemple, dans le numéro d'avril 2007 de la *Revue de la stabilité financière* de la Banque de France, l'article de Danièle Nouy, « La supervision indirecte des hedge funds », p. 1–12.

Chapitre 9

Les hedge funds et le risque systémique[1]

If you pay peanuts, you get monkeys[2].

Jim Dunn, Managing Director de Wilshire Associates[3].

L'effondrement de LTCM en 1998 a déclenché la première étude sérieuse des risques systémiques potentiels posés par la croissance de l'industrie des hedge funds. Le groupe de travail *President's Working Group on Financial Markets* a étudié les problèmes posés par cet événement et publié en 1999 un rapport intitulé « Les hedge funds, l'effet de levier et les leçons de LTCM ». Il est désormais possible, avec le recul du temps, de savoir si les recommandations du groupe de travail ont été efficaces, et si de nouveaux problèmes sont apparus qui nécessiteraient une nouvelle approche.

Les recommandations du groupe de travail sur les marchés financiers

Comme l'indiquait le titre du rapport, le groupe de travail s'est focalisé sur la possibilité que l'effet de levier crée un risque systémique sur les marchés financiers. Le problème vient du fait que,

---

1. Conférence de Ben S. Bernanke, président de la Réserve fédérale, le 16 mai 2006. Voir également Nicholas Chan, Mila Getmansky, Shane M. Haas et Andrew W. Lo, « Do Hedge Funds Increase Systemic Risk », *Economic Review*, Federal Reserve Bank of Atlanta, Fourth Quarter 2006.
2. « *Si tu paies des clopinettes, tu n'auras que des bras cassés.* »
3. Jim Dunn explique pourquoi certains investisseurs n'hésitent pas à payer des commissions de plusieurs millions de dollars à des gérants de hedge funds « de haut niveau ».

toutes choses égales par ailleurs, des investisseurs à fort effet de levier (IFEL)[1] sont plus vulnérables aux chocs qui peuvent survenir sur les marchés. Si les investisseurs à fort effet de levier font défaut alors qu'ils détiennent des positions importantes par rapport aux marchés sur lesquels ils ont investi, la liquidation forcée de ces positions, sans doute à des prix bradés (*fire-sale prices*), pourrait faire subir de lourdes pertes à leurs contreparties. Ces pertes directes peuvent conduire à d'autres défaillances et mettre en danger des institutions financières importantes au sein du système. De plus, des participants au marché qui ne sont ni créanciers, ni contreparties de la société en faillite peuvent être affectés indirectement par l'ajustement du prix des actifs, par la contraction de la liquidité et l'incertitude accrue des marchés.

Le rôle de la discipline de marché

Dans une économie de marché, la discipline qu'exercent les créanciers, les contreparties et les investisseurs constitue le mécanisme principal de régulation des effets de levier excessifs et, plus généralement, des prises de position risquées.

Dans l'affaire LTCM, la discipline de marché s'est malheureusement brisée. En dépit des risques exceptionnels qu'il prenait, LTCM a obtenu des conditions généreuses des banques et des *brokers* qui lui fournissaient du crédit et lui servaient de contreparties. Les investisseurs, sans doute impressionnés par les réputations des gérants, n'ont pas osé poser de questions suffisamment sévères sur les risques encourus pour produire des rendements élevés. Ces erreurs de gestion du risque, combinées aux conditions de marché tout à fait extraordinaires du mois d'août 1998, ont représenté la cause principale de la crise de LTCM.

Dans ses recommandations, le groupe de travail a insisté sur le fait que les régulateurs et les superviseurs des institutions financières devaient absolument réussir à créer un environnement dans lequel

---

1. *High leverage institutions* (HLI).

la discipline de marché – en particulier la gestion du risque de contrepartie[1] – limite les effets de levier et les prises de risque excessifs. Une discipline de marché effective nécessite que les contreparties et les créanciers obtiennent suffisamment d'informations pour évaluer de manière fiable les profils de risque de leurs clients. Il est également nécessaire que ces acteurs aient mis en place des systèmes permettant de suivre et de limiter leur exposition au risque à des niveaux compatibles avec la qualité du crédit et le niveau de risque de chacun de leurs clients.

Faire en sorte que ce soient les acteurs du marché qui « exercent la discipline » est une bonne solution sur le plan économique. Les agents privés ont généralement de fortes incitations à surveiller leurs contreparties et ce sont eux qui disposent du meilleur accès à l'information nécessaire pour exercer cette surveillance.

Pour toute une série de raisons, les créanciers peuvent néanmoins ne pas internaliser complètement les coûts des crises financières systémiques. Le passage du temps et la concurrence peuvent parfois faire oublier les vertus de la discipline de marché.

Le groupe de travail a donc souligné que les régulateurs et les superviseurs devaient s'assurer que les banques et les courtiers mettent en place les systèmes et les méthodes nécessaires au maintien et au renforcement de la discipline de marché. Ces recommandations ont été largement suivies.

Les « saines pratiques »

Les autorités réglementaires américaines ont publié un guide des pratiques de gestion du risque et les superviseurs bancaires s'intéressent désormais sérieusement aux relations des banques avec les hedge funds. La *Securities and Exchange Commission* a de son côté intensifié les inspections de la gestion du risque pratiquée par les *brokers* les plus importants. Au niveau international, le Comité de

---

1. Le risque de contrepartie correspond au risque de ne pas se faire rembourser à l'échéance suite à la défaillance de l'emprunteur.

Bâle de la supervision bancaire et l'*International Organization of Securities Commission* (IOSCO) ont publié des documents de travail sur les saines pratiques dans les relations avec les institutions à fort effet de levier (IFEL).

Le groupe de travail a étudié et écarté la solution alternative consistant à réglementer directement les hedge funds. La réglementation directe peut être justifiée lorsque la discipline de marché n'est pas en mesure de limiter les excès dans l'effet de levier et la prise de risque. Dans le cas des hedge funds, le groupe de travail a fait l'hypothèse raisonnable que la discipline de marché pouvait fonctionner, car les investisseurs, les créanciers et les contreparties sont tous incités de manière significative à freiner le comportement risqué des hedge funds. De plus, une réglementation directe pourrait entraîner une perte coûteuse d'efficience – en raison de l'aléa moral[1] pouvant conduire à la disparition probable de la discipline de marché – en raison des limites mises à la capacité des hedge funds de fournir de la liquidité au marché.

En mettant l'accent sur la gestion du risque de contrepartie, le groupe de travail ne cherchait pas à empêcher que se produisent des faillites dans l'industrie des hedge funds. Les hedge funds offrent à leurs investisseurs des revenus élevés qui s'accompagnent tout naturellement de risques élevés. Les investisseurs avertis savent, ou devraient savoir, que chaque année des hedge funds perdent l'argent de leurs investisseurs et que d'autres font faillite. Ces événements sont tout à fait normaux dans une économie de marché concurrentielle. Les recommandations du groupe de travail avaient donc comme objectif de faire en sorte que la faillite inévitable de certains hedge funds ne produise que des effets gérables et que les conséquences négatives sur le système financier et sur l'activité économique réelle soient limitées.

---

1. Comme la réglementation directe jouerait le rôle d'une assurance, les investisseurs, les créanciers et les contreparties seraient moins incités à exercer leur *due diligence*.

L'effet de levier et le risque systémique

Pour un investisseur, l'effet de levier consiste à faire passer le taux de rendement (qu'il soit positif ou négatif[1]) d'une position qu'il a prise ou d'un investissement qu'il détient au-dessus du taux qu'il obtiendrait par un investissement direct de ses fonds propres sur le marché. On mesure cet effet de levier par le rapport entre les actifs gérés et le capital détenu.

L'investisseur réalise un effet de levier en accroissant son investissement, soit par le recours à l'emprunt, soit par l'utilisation d'instruments dérivés. Dans le premier cas, il utilise un prêt (par exemple par la mise en pension de titres pour augmenter les liquidités dont il dispose). Le prêt peut être réalisé en argent liquide ou se faire sous la forme de prêts de titres, comme c'est le cas dans les ventes à découvert. Dans le cas d'une vente à découvert, l'utilisation d'instruments dérivés (*futures* et *options*) permet à l'investisseur d'obtenir le rendement du montant notionnel sous-jacent au contrat en engageant une petite fraction de son capital sous la forme d'un taux de marge initial ou du paiement de la prime des options. Pour mesurer précisément l'utilisation de l'effet de levier par une société financière, il faut donc connaître toutes les positions de cette société. Ce n'est généralement pas possible parce que les ventes à découvert et les dérivés sont des activités hors bilan qui ne sont donc pas observables de l'extérieur.

L'effet de levier présente des avantages, non seulement pour les participants, mais également pour le système financier dans son ensemble. L'effet de levier permet aux investisseurs de couvrir les positions qu'ils détiennent de la façon la plus économique. L'effet de levier favorise également la spéculation qui est absolument nécessaire au fonctionnement efficient des marchés et il augmente la liquidité. Notons également que les banques d'investissement peuvent être considérées comme faisant partie des institutions à fort effet de levier

---

1. Il est bien évident que, si le taux de rendement est négatif, l'effet de levier amplifiera la perte.

(IFEL), puisqu'une étude de Salomon Smith Barney indique des effets de levier bruts (rapports des actifs aux fonds propres) de l'ordre de 25 à 35, ces rapports excluant les activités hors bilan.

L'effet de levier produit toutefois deux effets qui suscitent des inquiétudes :

- le premier effet concerne la sécurité des investisseurs : par définition, l'effet de levier crée et augmente le risque de défaillance des participants au marché ;
- le second effet concerne le marché financier dans son ensemble : le débouclage rapide des positions à effet de levier peut entraîner une amplification des variations de prix et donc des perturbations majeures des marchés financiers.

Si le taux de rendement d'un investissement réalisé avec des fonds empruntés se révèle inférieur à ce qui était attendu, les fonds propres de l'investisseur peuvent diminuer très rapidement et devenir insuffisants pour couvrir les prêts. Lorsque se produit une variation du prix dans le mauvais sens, pour un niveau donné de tolérance aux pertes, une position à effet de levier est plus rapidement fermée par un investisseur qu'une position sans effet de levier. Plus l'effet de levier est important, plus est faible la variation de prix suffisante pour déclencher un débouclage de la position. Lorsque des investisseurs importants sont dans l'obligation de liquider rapidement les positions qu'ils détiennent en réponse aux appels de marge déclenchés par des mouvements de prix exogènes[1], ces mouvements de prix peuvent s'amplifier de façon déstabilisante. En effet, l'investisseur qui détient une position d'achat (*long*) à effet de levier est amené à la vendre rapidement lorsque le prix de l'actif se met à baisser, ce qui contribue évidemment à amplifier la pression à la baisse du prix. De la même façon, l'inves-

---

1. L'événement « exogène » correspond à ce qu'on appelle aussi un événement extrême. La *kurtosis* (voir le terme) est le coefficient statistique qui mesure la probabilité d'observer des événements extrêmes. La plupart des modèles d'évaluation utilisent une loi de distribution normale qui, par définition, a une *kurtosis* égale à 0. Ces modèles introduisent donc un biais puisque les événements extrêmes ne sont pas pris en compte. Or ils surviennent parfois !

tisseur qui détient une position de vente (*short*) a besoin de se couvrir si le prix de l'actif augmente, en achetant le titre, ce qui contribue évidemment à amplifier la pression à la hausse du prix. L'augmentation de la volatilité est d'autant plus rapide que les positions utilisent un effet de levier plus important.

Si la position prise par un investisseur est très importante, si les positions prises par de nombreux investisseurs sont semblables, ou si le marché sous-jacent n'est pas très liquide, un débouclage rapide de ces positions à effets de levier peut engendrer des déconnexions des prix : le prix varie énormément parce qu'il n'y a plus que des offreurs ou des vendeurs sur le marché (c'est ce qu'on appelle *a one-sided market*). Dans un environnement *mark-to-market*, ces mouvements de prix entraînent le déclenchement d'appels de marge et ils incitent également d'autres investisseurs à réévaluer leurs positions. Ces actions, à leur tour, obligent à liquider d'autres positions à effet de levier, ce qui entraîne une réaction en chaîne et des secousses sur d'autres marchés financiers sur lesquels sont prises de nombreuses positions à effet de levier.

Certains investisseurs institutionnels, comme les hedge funds, utilisent de bien des façons l'effet de levier avec comme objectif de parier sur les évolutions de nombreux marchés en engageant le moins possible leurs fonds propres.

L'exemple pédagogique qui suit est destiné à montrer comment une institution financière peut arriver à réaliser un effet de levier extrêmement important, et comment des événements inattendus peuvent faire dérailler cette stratégie, avec d'éventuelles conséquences significatives pour les marchés financiers (*cf.* graphique 1).

La première étape de la stratégie consiste à utiliser comme garantie un faible montant de fonds propres (dans l'exemple numérique, l'investisseur se contente d'engager un dollar !) pour obtenir un prêt en yens d'une banque japonaise. Ce prêt en yens est immédiatement converti en dollars. Le gérant de l'institution financière parie ainsi sur la stabilité du différentiel de taux d'intérêt entre le Japon et les États-Unis et sur la stabilité du taux de change dollar/yen.

La deuxième étape consiste à utiliser ces actifs comme collatéral pour emprunter des bons du Trésor *on-the-run* et les vendre aussitôt à découvert pour financer l'achat de bons du Trésor *off-the-run*. Le gérant de l'institution financière parie sur la réduction de l'écart de rendement entre ces deux types de bons.

Au troisième niveau de l'effet de levier, le fonds met en pension les bons du Trésor *off-the-run* qu'il a achetés pour emprunter à nouveau et il utilise le résultat de cette opération pour acheter des *floating-rate notes* (FRN) émises par des banques d'investissement.

Le gérant de l'institution financière parie sur la stabilité de l'écart de rendement entre les obligations émises par les banques et les bons du Trésor.

Le fonds peut ensuite prêter les *FRN notes* à la banque d'investissement à laquelle il les a achetées[1]. Cette mise en pension libère alors des liquidités qui peuvent être utilisées pour un autre investissement. L'effet de levier s'en trouve encore augmenté, surtout si un instrument dérivé est utilisé.

À la quatrième étape de notre exemple, le fonds achète une option d'achat sur les titres d'une société qui devrait faire l'objet d'une offre publique d'achat (OPA). Au quatrième niveau de l'effet de levier, le gérant de l'institution financière parie sur la hausse du cours des actions de cette société.

Deux effets empêchent l'effet de levier d'être illimité :

- les réglementations qui limitent le nombre de fois que les fonds propres peuvent être utilisés (un taux de marge minimum est fixé par les réglementations de chaque pays[2]) ;
- le montant des marges qu'exigent les contreparties pour les opérations de mise en pension et de *futures*.

---

1. L'investisseur continue à percevoir le coupon à taux variable de la FRN, c'est-à-dire un taux qui est supérieur à celui qu'il paye pour la mise en pension.
2. Le taux de marge fixé par la Réserve fédérale est de 50 %, ce qui signifie qu'en ouvrant un compte chez un courtier américain, il est possible d'emprunter une somme égale à ses fonds propres.

Quatrième étape :
1 000 dollars de valeur
notionnelle d'options
d'achat des titres d'une
société visée par une OPA

Mise en dépôt ⬆ des FRN
et utilisation du cash pour
payer la prime des options

Troisième étape :      Emprunt de 100 dollars
125 dollars de FRN de   pour un achat à la marge
banques d'investissement   (garanti par les 25 dollars
                                                          d'obligations)

Mise en dépôt ⬆ des
obligations *off-the-run*
et utilisation du cash

Deuxième étape : 25 dollars   Vente à découvert   Emprunt de 20 dollars
d'obligations *off-the-run*   d'obligations *on-the-run*
                                (garanti par les 5 dollars
                                                     de fonds propres)

Première étape : 5 dollars   Conversion du prêt   Prêt de 480 yens par
de cash   en 4 dollars   une banque japonaise
                                                     (garanti par le dollar
                                                     de fonds propres)

⬅ – – – – – –

1 dollar de fonds propres

Graphique 1

À chacune des étapes de la stratégie, les actifs de l'institution financière augmentent sans pour autant qu'elle engage de nouveaux fonds propres, ce qui lui permet de faire jouer l'effet de levier sur toute une série d'opérations (achat à la marge, vente à découvert, mise en pension et utilisation de dérivés). L'institution peut donc parier sur la baisse du yen, la réduction des *spreads* de rendement sur les bons du Trésor américains, l'augmentation des prix des FRN des banques d'investissement américaines et l'augmentation du prix des actions de la société visée par une OPA. De plus, certaines de ces opérations ne sont pas enregistrées dans les bilans de la société. Le prêt initial et les positions prises sur les bons du Trésor figurent au bilan, mais les mises en pension et l'opération sur dérivés sont hors bilan.

La stratégie d'investissement illustrée dans l'exemple précédent peut être déstabilisée lorsque se produit une restructuration de la dette d'un emprunteur majeur[1]. Un tel événement exogène pousse naturellement les intervenants à chercher la qualité et la liquidité, c'est-à-dire à privilégier les actifs les plus sûrs et les plus liquides. Dans l'exemple précité, cela signifie que les bons du Trésor *on-the-run* sont préférés aux bons du Trésor *off-the-run*, et que les bons du Trésor sont préférés aux FRN des banques d'investissement.

Les événements se précipitent alors pour l'institution financière. L'élargissement des *spreads* implique une perte sur la deuxième étape de la stratégie, puisque le gérant de l'institution financière a parié sur la réduction de l'écart de rendement entre ces deux types de bons. L'élargissement des *spreads* déclenche également un appel de marge sur la première mise en pension, car la valeur des bons du Trésor *off-the-run* qui servent de collatéral a diminué. Cela signifie que le fonds doit non seulement acheter des bons *on-the-run* dont le

---

1. L'exemple classique est celui de la restructuration de la dette russe en août 1998 et de la faillite consécutive de LTCM. La dégradation des notations de General Motors et de Ford a eu des effets similaires. Les perturbations ont été de courte durée, mais elles ont été sérieuses alors que le facteur déclencheur, la dégradation des notations, avait été largement anticipé.

prix augmente pour couvrir sa position de vendeur à terme, mais il doit aussi vendre des bons *off-the-run* sur un marché baissier pour faire face à l'appel de marge. De la même manière, les prix des FRN qui figurent dans la seconde mise en pension, baissent et déclenchent à leur tour des appels de marge. Pour obtenir l'argent nécessaire pour faire face à ces nouveaux appels de marge, le fonds est sans doute contraint de vendre ses FRN sur un marché baissier. Des rumeurs de crise de liquidité d'une institution financière se mettent à circuler et les contreparties du fonds relèvent le taux de marge de maintenance[1] au niveau du taux de marge initial pour être certaines que la baisse de valeur du collatéral ne les expose pas à un risque de crédit. Cette décision compréhensible accélère à son tour la liquidation de positions à effet de levier, ce qui entraîne des mouvements encore plus brutaux des prix.

Le scénario précédent illustre comment des positions à effet de levier peuvent amplifier un mouvement exogène des prix lié à un événement survenu sur les marchés obligataires et comment ces positions peuvent transmettre ces turbulences à d'autres marchés financiers.

L'efficacité des recommandations du groupe de travail sur les marchés financiers

Les recommandations du groupe de travail ont-elles été suivies d'effets ? La réponse est provisoire, mais, jusqu'à aujourd'hui, elles ont été apparemment efficaces. Depuis la crise LTCM, les progrès réalisés dans la gestion du risque de contrepartie et le renforcement concomitant de la discipline de marché semblent avoir limité l'effet de levier des hedge funds et avoir amélioré la capacité des banques et des courtiers à surveiller les risques, en dépit de l'accroissement rapide de la taille, de la diversité et de la

---

1. Pour se prémunir contre le risque de crédit, on sait que les courtiers fixent un taux de marge de maintenance, normalement inférieur au taux de marge initial, qui correspond au pourcentage minimal de la valeur des titres que les investisseurs doivent maintenir sur leur compte de marge.

complexité de l'industrie des hedge funds. De nombreux hedge funds ont été liquidés et les investisseurs ont subi des pertes, mais les créanciers et les contreparties n'ont, dans la plupart des cas, pas été pénalisés.

Le sentiment général des participants au marché est que les hedge funds utilisent moins l'effet de levier qu'à la fin des années 1990, même s'il est certain que des mesures pertinentes et cohérentes de l'effet de levier ne sont pas évidentes et que de nombreux produits financiers nouveaux recourent de manière relativement peu transparente à l'effet de levier.

Selon les superviseurs bancaires et la plupart des participants au marché, la gestion du risque de contrepartie s'est également améliorée de façon significative depuis la fin des années 1990. Ces progrès sont dus, pour partie, aux efforts de l'industrie qui ont conduit à la publication en 1999 et 2005 de deux rapports du *Counterparty Risk Management Policy Group*. Ces deux rapports ont défini les principes que les institutions financières devaient utiliser pour mesurer, suivre et gérer le risque.

Selon les superviseurs bancaires, il semblerait que les banques soient devenues plus sérieuses dans leurs rapports avec les hedge funds. Dans la majorité des cas, elles consacrent désormais des moyens importants à l'augmentation du nombre et à l'amélioration des qualifications des personnes affectées aux fonctions de gestion du risque. Les dealers demandent désormais systématiquement aux hedge funds des garanties collatérales et, hormis quelques exceptions, ils exigent des dépôts de marge supplémentaires pour couvrir l'exposition potentielle au risque qui pourrait survenir si les marchés fluctuaient rapidement. Les gestionnaires du risque peuvent maintenant mesurer de façon plus précise leurs expositions (courante et anticipée) aux contreparties de type hedge fund, et de plus en plus de sociétés utilisent des méthodologies de simulation de crise pour mesurer la sensibilité de leurs expositions à des contreparties spécifiques si le marché variait de façon substantielle.

La complexité croissante des marchés financiers

En dépit de ces progrès, les inquiétudes subsistent et elles se sont peut-être aggravées en raison de la complexité croissante des produits financiers. On peut souligner quatre problèmes potentiels :

- les hedge funds représentent des consommateurs de services très profitables pour les banques[1] et les superviseurs bancaires s'inquiètent du fait que la concurrence sur ce marché des hedge funds a rogné les marges et affaibli la discipline de marché ;

- on peut se demander si les risques de contrepartie sont correctement mesurés, compte tenu du volume croissant des transactions complexes qui se nouent et se dénouent entre les dealers, les *brokers* et les hedge funds ;

- la méthodologie de simulation de crise au niveau de la contrepartie d'un hedge fund particulier est appliquée plus fréquemment, mais la généralisation de ces techniques serait sans doute utile. Des simulations de crise globales – par lesquelles un dealer évalue son exposition au risque hedge fund dans l'éventualité d'une forte variation du marché – mériteraient d'être plus répandues. Ces simulations constituent un complément souhaitable aux simulations de crise faites au niveau d'un hedge fund particulier, parce que les fonds peuvent souvent imiter les stratégies d'autres fonds ou parce qu'ils choisissent des stratégies qui sont affectées par les mêmes facteurs du marché ;

- la mesure des risques de contrepartie devrait être plus en rapport avec le niveau de transparence présenté par un hedge fund. Une bonne gestion du risque devrait en particulier lier l'octroi et les conditions de crédit à l'« aptitude » d'un hedge fund à fournir de l'information sur ses stratégies et son profil de risque.

---

1. Le marché des hedge funds représenterait chaque année plusieurs dizaines de milliards de dollars de revenus pour les banques.

© Groupe Eyrolles

Le rôle des *prime brokers* et l'importance des produits dérivés

Depuis la publication du rapport du groupe de travail, les hedge funds ont largement développé leurs activités[1] et leurs stratégies. Leurs interactions avec les créanciers et les contreparties sont devenues plus complexes. Deux problèmes récents concernent d'une part la montée en puissance du rôle des *prime brokers*, et d'autre part l'émergence de problèmes opérationnels dans le règlement des échanges de dérivés de gré à gré de type nouveau, en particulier les dérivés de crédit.

Les hedge funds utilisent toujours les services de plusieurs dealers, mais ils consolident le règlement et la livraison de leurs opérations auprès d'une seule société, le *prime broker*. Le *prime broker* fournit généralement le financement et il assure les services de comptabilité et de règlement du hedge fund. Depuis 2005, le *prime brokerage* s'est développé au point d'englober non seulement les opérations sur titres au comptant (*cash trades*), mais aussi les opérations sur les marchés des changes et sur les dérivés de gré à gré.

Le *prime brokerage* pose des problèmes particuliers à la gestion des risques opérationnels et des risques de contrepartie. Les *prime brokers* doivent s'assurer qu'ils disposent d'une information adéquate et de contrôles leur permettant de se protéger contre les risques de contrepartie du client hedge fund et du dealer qui exécute l'ordre. Ils doivent également mettre en place des contrôles internes pour suivre les transactions exécutées au titre de *prime broker* et s'assurer que ces transactions sont conformes à l'accord passé. Les superviseurs des sociétés qui offrent des services de *prime brokers*, en particulier celles qui viennent d'entrer sur le marché, doivent s'assurer que leurs sociétés sont pleinement conscientes des risques induits et qu'elles sont capables de les gérer.

La prolifération des nouveaux produits financiers pose à la fois des problèmes de gestion du risque et des problèmes opérationnels. Les opérations sur dérivés de crédit ont progressé de façon considérable

---

1. En 1999, les hedge funds géraient environ 300 milliards de dollars d'actifs ; en 2007, les actifs sous gestion dépassent les 2 000 milliards de dollars.

ces dernières années et les sociétés éprouvent des difficultés à traiter et à régler en temps voulu ces produits (et les autres dérivés de gré à gré). Ces problèmes ne se limitent pas aux activités des hedge funds, mais ils affectent tous les participants des marchés de dérivés et tous les dealers en dérivés de crédit.

Est-il nécessaire de créer une base de données des positions des hedge funds ?

Après la crise LTCM et la publication des recommandations du groupe de travail, le débat sur les hedge funds et les effets de leurs activités sur les marchés financiers s'est calmé pendant quelques années. Le débat est maintenant relancé, déclenché sans nul doute par la création de nombreux fonds nouveaux, par l'augmentation remarquable des actifs sous gestion et par un élargissement de la base des investisseurs. Les nouvelles discussions sur les avantages et les risques des hedge funds ont suscité des demandes d'intervention des autorités réglementaires, en particulier la création d'une base de données qui contiendrait les informations concernant les positions et les portefeuilles des hedge funds.

On affirme souvent que ces derniers sont « opaques », voulant dire par là que les informations données sur leurs portefeuilles sont limitées et qu'elles ne sont pas communiquées fréquemment. Il serait plus exact de dire que l'opacité des hedge funds se trouve dans l'œil de l'observateur : l'information que fournit un fonds peut différer de façon importante selon que le récepteur de l'information est un investisseur, une contrepartie, une autorité réglementaire ou un simple participant au marché. La transparence envers les investisseurs pose la question de la protection des investisseurs. La transparence envers les contreparties pose la question précédemment évoquée de la gestion du risque. Le débat actuel s'est surtout concentré sur l'opacité des hedge funds par rapport aux autorités réglementaires et par rapport aux marchés en général, ce qui soulèverait, selon certains commentateurs, un problème important de risque de liquidité. La liquidité sur un compartiment particulier du marché pourrait baisser brutalement et de façon inattendue si des hedge funds décidaient ou étaient contraints de réduire une position importante sur ce compartiment.

Les inquiétudes sur l'opacité des hedge funds et sur le risque potentiel de liquidité ont suscité plusieurs propositions demandant aux autorités réglementaires de créer et de maintenir une base de données couvrant les positions des hedge funds. Une telle base de données permettrait, dit-on, aux autorités de surveiller cette source potentielle de risque systémique et de faire face à la montée des risques lorsqu'elle se produirait. Différentes solutions ont été proposées parmi lesquelles on trouve :

– une base de données gérée de manière confidentielle par les autorités réglementaires ;

– un système dans lequel les hedge funds fournissent des informations sur leurs positions à une autorité qui agrège ces informations et les transmet au marché ;

– une base de données publique disposant d'informations non confidentielles sur les hedge funds.

L'utilité discutable d'une base de données

Les inquiétudes qui motivent ces propositions sont compréhensibles. On peut toutefois rester sceptique quant à l'utilité pratique de telles bases de données. Pour mesurer précisément la liquidité, les autorités réglementaires devraient recueillir des données provenant de tous les principaux participants des marchés financiers, et pas uniquement les hedge funds. Sur le plan pratique, on peut se demander comment les autorités pourraient collecter une quantité aussi énorme de données très sensibles avec suffisamment de détails et suffisamment souvent (au minimum de manière journalière) pour être effectivement informées du risque de liquidité sur un compartiment précis du marché. On peut se demander comment les autorités utiliseraient cette information : auraient-elles le droit d'obliger des hedge funds ou toute autre institution financière importante à réduire certaines positions ? Si plusieurs hedge funds prenaient des positions semblables, comment les autorités feraient-elles pour ne pas donner un avantage concurrentiel à un de ces fonds en utilisant l'information de la base de données ? Plus important encore, est-ce que les contreparties ne seraient pas amenées à relâcher leur vigilance puisqu'elles seraient à même de penser que les autorités limitent efficacement la prise de risque des hedge funds ? Tout système réglementaire prescriptif est amené à engendrer un aléa moral sur le marché, ce qui peut réduire la stabilité du système au lieu de l'augmenter.

Un système dans lequel les hedge funds et d'autres IFEL soumettraient des informations sur leurs positions à une autorité qui agrégerait cette information et la révélerait au marché ne serait sans doute pas en mesure de dissiper l'inquiétude portant sur le risque de liquidité. En effet, la protection des informations confidentielles nécessiterait une telle agrégation que la valeur de l'information transmise aux participants du marché en serait fortement réduite. L'actualisation régulière de cette information poserait également problème.

Une base de données publique d'informations non confidentielles pourrait donner au public une idée générale de l'activité des hedge funds sans pour autant créer l'impression que les autorités ont décidé d'exercer une surveillance prudentielle des hedge funds. Une telle base de données démythifierait le phénomène hedge funds sans pour autant dissiper l'inquiétude fondamentale selon laquelle l'opacité crée un risque de liquidité.

Que faut-il retenir ?

En dernière analyse, les autorités ne peuvent pas entièrement faire disparaître le risque systémique et, en intervenant directemen⁻, elles pourraient freiner les innovations sans pour autant atteindre leurs objectifs. Les autorités doivent cependant s'assurer – et elles le font – que les erreurs de gestion du risque commises en 1998 ne se reproduisent pas. Les participants du marché ont également leur rôle à jouer pour garantir que de telles erreurs ne surviennent plus. Les principes développés dans les rapports du groupe de travail sur les marchés financiers constituent une bonne base de référence pour les entreprises, et les hauts responsables des institutions financières devraient confronter rigoureusement leurs opérations aux principes évoqués dans les rapports et devraient déployer des moyens supplémentaires pour corriger les déficiences. La tâche principale des autorités est d'éviter un retour du relâchement de la discipline de marché qui pourrait sérieusement accroître la vulnérabilité des participants majeurs aux chocs du marché. L'accent mis sur la gestion du risque de contrepartie est sans doute la meilleure méthode pour faire face aux problèmes systémiques liés aux hedge funds. Cette méthode n'induit pas les problèmes d'aléa moral qui pourraient survenir si les autorités réglementaires surveillaient les positions prises en utilisant une base de données privée. Les participants du marché sont ainsi mis face à leurs responsabilités et reçoivent les incitations et les moyens pour les exercer.

© Groupe Eyrolles

Conclusion

Depuis 2000, la croissance de l'industrie des hedge funds est remarquable et suscite de nombreuses interrogations. Les trois questions qui nous paraissent les plus significatives sont les suivantes :

- les hedge funds sont-ils capables d'être aussi performants sur le long terme ?
- les hedge funds seront-ils toujours aussi différents des autres « véhicules d'investissement » ?
- les hedge funds échapperont-ils longtemps à la réglementation qui pèse sur les autres sociétés de gestion[1] ?

Comment devraient évoluer les performances des hedge funds dans les années à venir ?

Comme on l'a vu, les estimations du rendement moyen de l'industrie des hedge funds seraient de l'ordre de 3 % par an, avec des résultats quelque peu supérieurs pour les fonds de grande taille. Si on applique cette performance à la taille annuelle moyenne de l'industrie des hedge funds en 2006, soit 1 400 milliards de dollars, cela signifie que les talents des gérants de hedge funds ont contribué à produire 42 milliards d'« alpha » pour les investisseurs. À mesure que les actifs gérés par les hedge funds augmentent, il devrait être plus difficile de conserver les stratégies existantes, de trouver de nouveaux gérants et d'inventer de nouvelles stratégies nécessairement moins bonnes que celles qui sont déjà utilisées. Dans la mesure où les hedge funds contribuent à éliminer les distorsions de

---

1. Le président de la Banque centrale européenne, Jean-Claude Trichet, s'est également livré au jeu des questions et des réponses sur les hedge funds devant le Parlement européen. Voir cet échange en annexe.

prix et à rendre les marchés plus efficients, les profits qu'ils peuvent réaliser ne peuvent que se réduire avec l'entrée de nouveaux acteurs. La demande pour la liquidité que fournissent les hedge funds n'est pas illimitée[1], de sorte que l'arrivée de nouveaux hedge funds doit se révéler positive pour les marchés de capitaux qui seront plus efficients, mais négative pour la performance des hedge funds qui sera moins impressionnante. Il est donc fort probable que l'argent investi dans les hedge funds obtienne dans le futur des rendements moyens inférieurs à ceux du début des années 2000. C'est déjà le cas, semble-t-il, pour la stratégie dite *convertible arbitrage*[2]. Comme il y a eu de 1994 à 2003 une forte augmentation du nombre de fonds poursuivant cette stratégie, la stratégie est devenue nettement moins profitable, entraînant une baisse importante des actifs gérés par ce type de hedge funds.

Comment devrait évoluer la structure organisationnelle des hedge funds dans les années à venir ?

Il y a une vingtaine d'années, l'essentiel de l'argent investi dans les hedge funds venait d'« individus fortunés ». En 2003, les investisseurs individuels contribuaient encore à 40 % des actifs gérés par l'industrie des hedge funds. Ce pourcentage ne fait que diminuer avec la montée en puissance des investisseurs institutionnels, que ce soit directement par des fonds de retraite ou des *endowments* ou indirectement par des fonds de fonds. Ce changement de type d'investisseurs a de profondes conséquences. Les investisseurs institutionnels ont des responsabilités fiduciaires et, tout naturellement, ils ne peuvent pas complètement laisser le champ libre aux gérants de hedge funds. Les hedge funds sont donc amenés à fournir plus d'informations à ces investisseurs s'ils veulent les conserver. Certains fonds de fonds demandent déjà une transparence

---

1. On se souvient que les hedge funds jouent en quelque sorte le rôle d'« assureurs catastrophiques » pour les marchés financiers ; en reprenant cette analogie, on comprend qu'il y a une limite à la demande de liquidité : les agents économiques ne souscrivent pas deux polices d'assurance pour le même risque.
2. Rappel : la stratégie consiste à acheter les obligations convertibles d'une société en vendant à découvert les actions de la même société.

complète de la part des hedge funds dans lesquels ils investissent, ce qui signifie qu'ils connaissent, parfois de façon quotidienne, les positions que prennent les gérants. Pour les hedge funds, ces demandes d'information représentent un coût, à la fois en tâches administratives, mais aussi en limite imposée à la variation maximale à la baisse[1] qu'ils peuvent subir sans que l'investisseur institutionnel retire son argent.

Les investisseurs individuels recherchent souvent une performance dite « absolue », alors que les investisseurs institutionnels s'intéressent plus à la comparaison des résultats avec des *benchmarks*, tels des indices de hedge funds. À mesure que ces normes de référence prennent de l'importance pour évaluer les performances d'un hedge fund, il devient alors moins avantageux pour son gérant de chercher à dépasser fortement la norme, puisque, ce faisant, il prend un risque non négligeable de faire nettement moins bien que celle-ci. Comme les hedge funds seront de plus en plus soumis à des normes de performance similaires, on devrait voir converger les performances des hedge funds qui pratiquent les mêmes stratégies. Les talents des gérants devraient perdre progressivement de l'importance par rapport aux autres services fournis aux investisseurs, le *reporting*, la gestion du risque, la transparence, etc. Certains imaginent même que la performance des indices de hedge funds pourrait être reproduite par des machines, de sorte que des investisseurs souhaitant atteindre un benchmark de hedge fund pourraient se contenter d'embaucher des « quants » bon marché au lieu de passer par les services coûteux de gérants de hedge funds.

Quand un hedge fund réussit, il est peu à peu incité par la force des choses à devenir une institution financière diversifiée. Pour comprendre cette tendance, il suffit d'imaginer un gérant de

---

1. Le *maximum drawdown* peut être grossièrement défini comme la plus forte diminution d'un pic à un creux au cours d'une période donnée. À cette mesure se rattache la « période de reprise » qui est la durée nécessaire pour que les rendements cumulés retrouvent le niveau qu'ils avaient au début de la période de *maximum drawdown*. On parle également de « période sous l'eau ».

hedge fund particulièrement talentueux, qui est spécialisé dans une stratégie et qui a investi une partie importante de son patrimoine dans le fonds. Sous sa forme actuelle, l'organisation supporte des coûts fixes élevés qui lui donnent accès à des investisseurs importants. Pour maximiser la valeur des actifs du hedge fund – la réputation, le contact avec des investisseurs importants, l'organisation –, son gérant peut chercher à développer sa société en se diversifiant. Il peut commencer à développer de nouvelles stratégies et il peut aussi s'orienter vers des produits qui ressemblent à ceux que vendent des OPCVM à gestion active. Progressivement, le hedge fund devient *multi-strategy* et il commence à ressembler à une institution financière classique.

De leur côté, les OPCVM éprouvent des difficultés bien compréhensibles à reproduire toutes les stratégies des hedge funds, ce qui ne les empêche pas de pouvoir appliquer certaines d'entre elles. Comme les investisseurs de leur côté se sont, au fil du temps, familiarisés avec ces stratégies, les OPCVM sont de plus en plus sollicités pour offrir des produits semblables à ceux des hedge funds. Le résultat est prévisible : au cours des dix dernières années, le nombre d'OPCVM qui appliquent des stratégies *light* de hedge funds a augmenté de façon substantielle[1]. Ces fonds n'affichent peut-être pas des performances équivalentes à celles des hedge funds, mais elles sont en tout cas supérieures à celles des OPCVM *plain vanilla*. De plus, les investisseurs institutionnels qui travaillent pour les fonds de retraite et les *endowments* commencent à employer des stratégies utilisant les ventes à découvert et les produits dérivés. Il y aura donc à terme de plus en plus de hedge funds ressemblant sous certains aspects à des OPCVM, et de plus en plus d'OPCVM concurrents *low cost* des hedge funds[2]. Par contre la demande pour les OPCVM traditionnels devrait diminuer.

---

1. On trouve ainsi 37 OPCVM ARIA et 198 OPCVM de fonds alternatifs en France à la date du 31 mai 2007.
2. William Fung et David Hsieh, « Stratégies de réplication des *hedge funds* : conséquences pour les investisseurs et pour les régulateurs », *Revue de la stabilité financière*, Banque de France – Numéro spécial *hedge funds*, N° 10, avril 2007.

Comment devrait évoluer la réglementation des hedge funds dans les années à venir ?

Il y a depuis un certain temps en Europe et aux États-Unis des demandes réitérées de durcissement de la réglementation appliquée aux hedge funds. Comme les fonds d'investissement traditionnels subissent les coûts et les contraintes imposés par les réglementations diverses auxquelles échappent les hedge funds, il est logique qu'ils demandent un renforcement de la surveillance de tous les « véhicules d'investissement ».

De plus, comme on l'a vu, les gérants de hedge funds sont poussés à se diversifier et les stratégies nouvelles qu'ils mettent en œuvre peuvent déclencher des réactions hostiles. Au cours des dernières années, on a ainsi assisté à l'accroissement du nombre des hedge funds « activistes ». Dans certains pays d'Europe continentale, ce comportement des hedge funds, mais aussi et surtout des fonds de capital-investissement, a suscité depuis 2004 des critiques virulentes.

Les réunions du G7 évoquent depuis 2004 l'existence des hedge funds. L'extrait suivant tiré de la déclaration du 17 mai 2007[1] donne une indication du débat actuel sur la réglementation :

> « Nous avons poursuivi notre discussion sur les développements récents des marchés financiers internationaux, y compris les hedge funds qui, avec l'émergence de techniques et de produits financiers sophistiqués, comme les dérivés de crédit, ont contribué de manière significative à l'efficience du système financier. L'évaluation des risques potentiels systémiques et opérationnels associés à ces activités est néanmoins devenue plus complexe. Compte tenu de la forte croissance de l'industrie des hedge funds et de la complexité croissante des instruments qu'ils négocient, nous réaffirmons la nécessité d'être vigilant.
>
> Dans ce contexte, nous nous félicitons de la mise à jour par le Forum de stabilité financière de son rapport de l'année 2000 sur les Institutions à fort effet de levier et nous approuvons ses recommandations. **L'industrie mondiale des hedge funds** devrait revoir

---

1. Les caractères en gras figurent dans le texte original en langue anglaise. *www.g7.utoronto.ca/.http://www.g7.utoronto.ca/*

et améliorer les normes de saines pratiques suivies par les gérants de hedge funds, en particulier dans les domaines de la gestion du risque, de la valorisation et des informations données aux investisseurs et autres contreparties. **Les contreparties et les investisseurs** devraient prendre des mesures pour renforcer la discipline de marché en obtenant des valorisations périodiques et précises des portefeuilles et des informations sur les risques. **Les superviseurs** devraient prendre des mesures pour que les intermédiaires fondamentaux continuent à renforcer leurs méthodes de gestion du risque de contrepartie. **La FSF** a accepté de faire un rapport en octobre 2007 sur les progrès et les actions menées pour respecter ces recommandations. »

Comme on l'a compris en lisant cet ouvrage, il y a encore beaucoup à apprendre sur l'industrie des hedge funds. En particulier, on ne sait pas encore vraiment bien mesurer leurs rendements en prenant en compte simultanément leur exposition au risque. On ne comprend pas encore très bien les risques que les hedge funds font courir aux institutions financières et aux marchés financiers. En revanche, on est certain que les hedge funds rendent les marchés plus efficients, mais on n'a pas encore quantifié de manière fiable les coûts et les avantages sociaux qu'ils apportent. Il n'en reste pas moins vrai qu'au cours des quinze dernières années, les hedge funds ont fait mieux que la Bourse et que les OPCVM à gestion active. Du fait de leur croissance, ces fonds ressembleront de plus en plus à des institutions financières et seront sans doute plus réglementés. « *Il faut toutefois souhaiter que la réglementation permettra toujours aux innovateurs financiers qui rêvent de nouvelles stratégies de trouver des investisseurs malins et fortunés prêts à parier sur eux. Sans de tels innovateurs, les marchés de capitaux seraient moins efficients.* »[1]

N'en déplaise aux inquiets, les marchés financiers sont sans doute également plus sûrs grâce aux hedge funds. Dans la conclusion d'un ouvrage consacré au dollar[2], publié en 2004 au moment où

---

1. René Stulz, *op. cit.*
2. Gérard-Marie Henry, *Dollar : la monnaie internationale*, Éditions Studyrama, 2004. La même conclusion figurait déjà dans un ouvrage précédent consacré à la crise de 1929 !

les marchés financiers reprenaient une tendance haussière, j'écrivais : « *Il n'y a aucune raison pour qu'une éventuelle correction brutale du Dow Jones et du NASDAQ déclenche une récession profonde et durable. Alan Greenspan peut encore fredonner la célèbre chanson de Jesse Stone* Money Honey[1] *qu'Elvis Presley a popularisée en 1956.* » Cette conclusion actualisée – c'est désormais le nouveau président de la Réserve fédérale, Ben Bernanke, qui fredonne – est également celle de cet ouvrage consacré aux hedge funds.

---

1. « *Well I've learned my lesson and now I know
The sun may shine and the wind may blow,
The women may come and the women may go,
But before I'll say I love you, I want money honey…* »

Annexes

1. Qu'est-ce que la gestion alternative ?

Pour l'Autorité des marchés financiers, on appelle « gestion alternative » toute stratégie de gestion ayant un objectif de rendement absolu et décorrélé des indices de marché. « Rendement absolu » signifie que les gérants « alternatifs » cherchent à obtenir des performances non liées à l'évolution d'un indice de référence (*benchmark*) – il ne s'agit pas de suivre le CAC 40, mais de faire régulièrement 15 % – et « rendement décorrélé » signifie que les performances sont indépendantes de l'évolution des marchés financiers traditionnels. La gestion alternative se distingue donc de la gestion traditionnelle en ce que les gérants parient sur l'inefficience des marchés pour produire leurs résultats. La profitabilité de la gestion alternative ne repose donc pas sur le rendement à long terme d'une catégorie d'actifs (*asset class*), mais sur l'arbitrage de dysfonctionnements des marchés, ainsi que sur des avantages comparatifs en matière de collecte de l'information, et d'exécution moins onéreuse des transactions. Lorsque les fonds alternatifs investissent dans d'autres types de fonds (fonds de fonds), on parle de « multigestion alternative ». Le terme « gestion alternative » n'a pas de définition internationalement reconnue, mais l'AMF s'est progressivement forgé une doctrine dont elle se sert pour alimenter les réflexions de la Commission européenne sur le sujet. Le Parlement européen utilise également le terme « gestion alternative » dans les résolutions qu'il consacre aux hedge funds.

2. Un terme étranger à éviter : hedge fund !

Liste des termes, expressions et définitions du vocabulaire de l'économie et des finances publiés au Journal officiel de la République française (en application du décret n° 96-602 du 3 juillet 1996 relatif à l'enrichissement de la langue française).

Journal officiel du 14 août 1998.

Fonds spéculatif

Définition : fonds d'investissement à haut risque portant principalement sur des produits à effet de levier particulièrement élevé, c'est-à-dire permettant, pour des mises limitées, d'opérer sur des montants beaucoup plus importants, mais avec des risques considérables.

Équivalent étranger : hedge fund.

3. Les hedge funds augmentent la valeur boursière des entreprises qu'ils ciblent

À partir d'un ensemble de données collectées sur l'activisme des hedge funds aux États-Unis sur la période 2001-2005, une étude de 53 pages publiée par la Wharton School de l'université de Pennsylvanie montre que les fonds alternatifs activistes agissent à la fois comme des investisseurs qui cherchent à maximiser la valeur de leurs titres et comme les défenseurs des autres actionnaires. Le marché réagit en général favorablement à cet activisme, puisque la hausse « anormale » consécutive à l'annonce d'une menée activiste se situe dans la zone de 5-7 %, sans renversement apparent l'année suivante. Le gain « anormal » se situe en moyenne à 11 % lorsque le hedge fund provoque la cession de l'entreprise cible. Cela fait des hedge funds des actionnaires activistes plus efficaces que les fonds de pension ou les fonds traditionnels La réaction positive du marché ne reflète pas des anticipations de transferts de richesse des créanciers aux actionnaires, mais l'attente d'une amélioration de la performance. De fait, constatent les auteurs, les entreprises cibles enregistrent une amélioration modérée de leur performance opérationnelle et une rotation considérablement plus rapide de leurs directeurs généraux après une intervention activiste.

4. Venture capital/Private equity/Hedge funds

Les investisseurs en capital-risque apportent du capital, ainsi que leurs réseaux et expériences à la création (on parlera alors de **capital d'amorçage**) et aux premières phases de développement d'entreprises innovantes, ou de technologies considérées comme à fort potentiel de développement et de retour sur investissement. Le terme « risque » utilisé en France n'a pas d'équivalent dans les autres pays où l'on emploie le plus souvent le terme d'« opportunité ».

Les investisseurs en *private equity* achètent des titres financiers (notamment actions) de firmes non cotées sur un marché, d'où le terme « privé » par opposition à *public equity*, qui désigne des titres qui ont fait l'objet de procédures de cotation sur un marché. Les obligations et garanties des *private equity* sont donc moindres, et la liquidité – du fait de la plus grande difficulté à les céder – est beaucoup moins importante. Pour cette raison, le capital-investissement vise des performances supérieures sur longue durée à celles des marchés financiers.

Il est de plus en plus malaisé d'opérer une différence entre les hedge funds et les fonds de *private equity*. Ces derniers prennent en général une forte participation dans une société et ils jouent de leur influence pour essayer d'infléchir la stratégie de l'entreprise afin d'en relever la valeur de marché. Les hedge funds recourent de façon croissante à cette stratégie d'investissement, et on commence à voir des hedge funds nouer des partenariats avec des fonds de *private equity* ou se rapprocher de la zone hybride qui se situe entre les stratégies des hedge funds et celles du capital-investissement.

5. Qu'est-ce que l'OICV[1] ?

L'OICV (IOSCO) est une organisation internationale de droit privé créée en 1983 et dotée d'une charte. Elle réunit 174 membres, dont 110 commissions de valeurs mobilières et de régulateurs boursiers. Elle fonctionne comme un centre pour l'élaboration de normes et pour l'échange d'informations entre ces membres. Afin de vérifier si ces normes sont correctement mises en œuvre, le FMI et la Banque mondiale procèdent de leur côté depuis 1999 à des évaluations de la réglementation financière des pays membres de l'OICV (*Financial Sector Asessment Program*).

Il n'y a pas de sanction formelle, mais les rapports publiés sur le respect des principes constituent un puissant facteur d'incitation à ce que les membres de l'OICV honorent les engagements pris au sein de cette instance. L'OICV a constitué cinq comités permanents, dont le SC5 qui a la charge de couvrir la gestion d'actifs au sens large. Le comité est régulièrement amené à proposer des standards communs de régulation fondés sur les meilleures pratiques de ses membres. C'est dans ce cadre qu'il se penche depuis 2003 sur le sujet de la réglementation des hedge funds. L'OICV a publié en mars 2006 un rapport intitulé « The regulatory environment for hedge funds : a survey and comparison » et il ressort de ce document que dix-huit des vingt places financières couvertes par l'étude encadrent actuellement, d'une manière ou d'une autre, l'activité des hedge funds, même si les mécanismes diffèrent fortement d'un pays à l'autre : certaines juridictions comme au Royaume-Uni, enregistrent les gérants des fonds, d'autres comme en France enregistrent les fonds, mais il faut se souvenir que la plupart des produits sont domiciliés *offshore*. Face à cette diversité d'approches, l'OICV juge prioritaire de déterminer la nature des informations devant être communiquées à l'investisseur : frais, risques encourus, expérience des gérants, nature des contrôles internes, conflits d'intérêt éventuels. Ces efforts devraient avant tout concerner les fonds de fonds, dont l'OICV estime qu'ils devraient constituer à l'avenir le véhicule privilégié de diffusion auprès du grand public des techniques de gestion alternative.

6. BNP Paribas soutient le Hedge Fund Centre de la London Business School

BNP Paribas finance le Centre for Hedge Fund Research and Education de la London Business School pour trois années universitaires, jusqu'en septembre 2008. C'est la première fois que BNP Paribas contribue à une initiative majeure de la London Business School.

---

1. Organisation internationale des commissions de valeur.

Le centre sera rebaptisé **BNP Paribas Hedge Fund Centre**. Sa direction continue d'être assurée par le Dr Narayan Naik, professeur associé de finance à la London Business School. Un comité consultatif chargé de superviser le développement du centre a été constitué sous la présidence de Patrick Fauchier, directeur général de Fauchier Partners.

Formation et Recherche

Le Centre for Hedge Fund Research and Education a été créé au sein de la London Business School en septembre 2001. Il a pour ambition de devenir l'autorité universitaire de référence, et un point de convergence pour l'enseignement portant sur les hedge funds en Europe.

Depuis sa création, le centre a accueilli des séminaires sur le thème des fonds spéculatifs, a réuni sous forme de forum acteurs, industriels et universitaires, et a sponsorisé des événements permettant à ceux qui travaillent sur le terrain, tout comme aux chercheurs, de présenter leurs découvertes. Plus de trois cents professionnels de l'investissement et étudiants ont pu en outre bénéficier de cours facultatifs et de stages du centre.

Ces quatre dernières années, le centre a dirigé des recherches sur la nature des risques pris par les hedge funds dans le cadre de leurs stratégies commerciales, un sujet présentant un intérêt particulier pour les organismes de contrôle et pour les investisseurs potentiels. Il a également étudié, entre autres thèmes, le rapport entre la capacité des fonds à capter de l'argent neuf, d'une part, et les performances relatives, les « *incentive fees* », la taille et l'âge du fonds, et les contraintes de capacité, d'autre part.

BNP Paribas Hedge Fund Centre

Le centre encourage la recherche visant une connaissance plus approfondie de tous les aspects des hedge funds, y compris de leurs stratégies commerciales et des marchés sur lesquels ils investissent. La recherche est dirigée à la fois par des membres de la faculté de finance de la London Business School et par des chercheurs invités d'Europe et des États-Unis. Les documents de travail produits par le centre sont publiés par l'intermédiaire de son site Web :

www.london.edu/hedgefunds/workingpapers.html

7. Les spéculateurs reconnaissent qu'ils ont gagné gros

International Herald Tribune, samedi 31 octobre 1992.

> « M. Soros est le doyen des gérants de hedge funds, ces investisseurs qui se servent de tous les instruments financiers qui fluctuent en y ajoutant une bonne dose de *futures* et d'options pour doper les rendements. M. Soros

lui-même est bien connu pour sa stratégie qui consiste à étudier les grandes tendances macroéconomiques, et à utiliser largement l'effet de levier.

C'est ce qu'il a fait le mois dernier, en empruntant massivement pour faire un pari de 10 milliards de dollars sur la dévaluation de la livre. En vendant la livre à découvert et en achetant des Deutsche Marks, M. Soros était non seulement bien placé pour profiter de la dévaluation de la livre, il était également le plus important acteur du marché à pousser à la dévaluation.

Comme M. Soros l'a dit la semaine dernière, le résultat a été un gain d'environ un milliard de dollars pour les investisseurs de son fonds Quantum Fund et de trois autres hedge funds. Avec ses 3,5 milliards de dollars d'actifs sous gestion, le Quantum Fund dépasse largement les quelque 1 700 fonds que suit Lipper Analytical Services. Rien que pour le mois de septembre, le rendement de Quantum Fund a été de 24,90 %.

Ces gains font rêver, mais ils ne sont pas à la portée de n'importe quel investisseur. Les fonds de M. Soros sont domiciliés *offshore*, et ils sont donc techniquement interdits aux résidents américains. De plus, les investisseurs doivent mettre sur la table un minimum de 250 000 dollars pour être admis.

L'autre grand gagnant est le Tudor Futures Fund de Paul Tudor Jones qui a gagné 15,50 %. Mais sa performance avant la crise de la livre n'était guère remarquable : le fonds perdait de l'argent depuis le début de l'année. Ce qui prouve que les spéculateurs les plus habiles peuvent se brûler les doigts sans que les autorités aient à intervenir en menaçant de les pendre, comme l'a fait le mois dernier Michel Sapin, le ministre des Finances français. »

8. Les communiqués de la Réserve fédérale immédiatement après la crise de LTCM

Date de publication : 29 septembre 1998.

« Le Comité d'Open Market de la Réserve fédérale a décidé aujourd'hui d'assouplir légèrement la politique monétaire, pour faire baisser le taux des fonds fédéraux de 5,25 % à 5 %.

Cette mesure a été prise pour amortir les effets sur la croissance économique américaine d'une faiblesse croissante des économies étrangères et des conditions financières intérieures qui sont moins accommodantes. Les évolutions récentes de l'économie mondiale et les ajustements des marchés financiers américains signifient qu'un taux des fonds fédéraux légèrement plus bas devrait suffire à maintenir une faible inflation et à soutenir la poursuite de la croissance économique. »

Date de publication : 15 octobre 1998.

« La Réserve fédérale a annoncé aujourd'hui la série suivante de décisions :

Le taux des fonds fédéraux devrait baisser de 25 points de base pour descendre d'environ 5 % à environ 4,75 %. La frilosité croissante des prêteurs et, plus généralement, les conditions déséquilibrées sur les marchés financiers vont vraisemblablement freiner la demande globale dans le futur. Face à ce ralentissement, un assouplissement supplémentaire de la politique monétaire a été jugé nécessaire pour maintenir la croissance économique dans un contexte d'inflation maîtrisée. »

Date de publication : 17 novembre 1998.

« La Réserve fédérale a annoncé aujourd'hui la série suivante d'actions :

Le taux des fonds fédéraux devrait baisser de 25 points de base d'environ 5 % à 4,75 %.

Même si les conditions sur les marchés financiers se sont matériellement stabilisées depuis la mi-octobre, des tensions inhabituelles subsistent. Grâce à la baisse de 75 points de base du taux des fonds fédéraux depuis le mois de septembre, on peut raisonnablement s'attendre à ce que les conditions financières soient compatibles avec une expansion économique soutenue et des pressions inflationnistes maîtrisées. »

9. Découvrez Amaranth

Organisé au niveau mondial avec des bureaux à Greenwich, Houston, Toronto, Londres et Singapour, Amaranth est un des plus importants hedge funds au monde avec plus de 7,5 milliards de dollars d'actifs sous gestion. Amaranth emploie plus de 360 professionnels, parmi lesquels plus de 115 traders, analystes quantitatifs et fondamentaux, et gérants de portefeuille.

Nous sommes un hedge fund multistratégie. Les professionnels de l'investissement d'Amaranth placent le capital dans une large palette de stratégies de trading et d'investissement alternatives d'une façon très disciplinée qui contrôle le risque. Notre capacité à poursuivre une variété de stratégies d'investissement, combinée à l'intégration stratégique de nos équipes actions/crédit/quantitatif, et soutenue par une infrastructure de niveau mondial, constitue quelques-unes des forces fondamentales qui distinguent et définissent Amaranth.

Les institutions financières (banques, compagnies d'assurances et firmes de Wall Street), les fonds de retraite, les fondations, ainsi que les familles fortunées qui constituent notre base d'investisseurs, ont obtenu des rendements positifs de leurs investissements depuis notre création en septembre 2000.

Lourdes pertes et défaillances des hedge funds de 1994 à 2006

Fonds	Stratégie	Année	perte estimée	Origine du problème
Amaranth	Multistratégie	2006	~ 6 400	Exposition excessive aux prix de l'énergie
Long-Term Capital Management	Arbitrage sur marchés obligataires	1998	3 600	Effet de levier excessif pendant la crise russe (moratoire sur la dette)
Tiger Management	Macro	2000	2 600	Pari malencontreux sur le yen : 2 milliards de dollars perdus
Soros Fund	Macro	2000	2 000 – 5 000	Lourdes pertes sur les titres Internet et technologiques
Fenchurch Capital	Arbitrage sur marchés obligataires	1995	1 264	Concentration sur le marché américain, pas de diversification sur les marchés européens
Princeton Economics Inter'l	Macro	1999	950	Pertes sur le marché, fraude
Vairocana Ltd.	Arbitrage sur marchés obligataires	1994	700	Pertes sur le marché, pari sur la baisse des taux
Lipper	Arbitrage sur titres convertibles	2001	700	Pertes sur le marché, fraude
Askin Capital Management	Arbitrage sur marchés obligataires (titres adossés à des crédits hypothécaires)	1994	660	Pas de couverture, pertes sur le marché, appels de marge
Lancer	Long/short actions	2003	600	Fraude
Beacon	Arbitrage sur marchés obligataires	2002	500	Pertes sur les dérivés hypothécaires, pas d'évaluation en mark to market
Manhattan Investment Fund	Long/short actions	1999	400	Fraude
MotherRock	Fonds énergétique	2006	230	Pertes sur le marché du gaz naturel
Global Systems Fund	Macro	1997	125	Emporté par l'effondrement du baht thaïlandais
Argonaut Capital Management	Macro	1994	110	Pertes sur le marché
Maricopa Investment	Long/short actions	2000	59	Pertes sur le marché, fraude
Cambridge Partners	Long/short actions	2000	45	Fraude
HL Gestion/Volter	Contrats à terme gérés	2000	40	Pertes sur le marché, intervention des autorités de régulation
Ashbury Capital Partners	Long/short actions	2001	40	Fraude
ETJ Partners	Valeur relative	2001	21	Pertes sur le marché, fraude
Ballybunion Capital	Long/short actions	2000	7	Fraude

10. Les multiples stratégies d'Amaranth

Les principales stratégies employées par Amaranth sont brièvement résumées ci-dessous. La structure flexible de notre hedge fund permet une réaffectation du capital entre ces stratégies, et d'autres encore, lorsque les conditions de marché changent.

La stratégie *Convertible Arbitrage* implique en général l'achat d'une obligation convertible et la vente à découvert d'un pourcentage variable de l'action en laquelle l'obligation est convertible. Si le prix de l'action augmente, on peut prévoir que l'augmentation de la valeur de l'option de conversion de l'obligation fait plus que compenser la perte sur l'action vendue à découvert, ce qui conduit à un profit net. Si le prix de l'action chute fortement, on peut prévoir que le gain réalisé sur la vente à découvert fait plus que compenser la perte sur l'obligation, parce qu'il faut s'attendre à ce que la valeur de l'obligation ne descende pas en dessous du prix que les investisseurs sont prêts à payer pour la dette non convertible de l'émetteur. Amaranth gère souvent son exposition au risque en utilisant des dérivés de crédit ou des ventes à découvert d'obligations.

La stratégie *Statistical Arbitrage* cherche à exploiter de manière efficace les anomalies détectées sur le marché financier, en évaluant les conditions actuelles du marché par rapport aux données historiques. Normalement, une analyse statistique rigoureuse aide à construire des portefeuilles bien diversifiés qui visent à profiter d'une anomalie repérée tout en minimisant l'exposition à des risques idiosyncrasiques.

La stratégie *Energy Trading* consiste à prendre des positions sur des actions, des produits, des actifs et des dérivés dont les valeurs dépendent de la production, du stockage, de la distribution et de la consommation d'énergie au niveau mondial. À titre d'exemple, les positions prises peuvent être en rapport avec les prix des livraisons futures de pétrole brut, de gaz naturel et d'électricité à différents endroits.

La stratégie *Merger Arbitrage* consiste habituellement à acheter les actions de sociétés visées dans d'éventuelles fusions et dans d'autres regroupements d'entreprises, et, dans le cas des fusions qui se font par échange d'actions, à vendre à découvert les actions de la société acheteuse. Les actions de la société cible se vendent en général à un prix inférieur à celui qui sera atteint lorsque la fusion sera réalisée, compte tenu des incertitudes de ce regroupement. Les analystes d'Amaranth évaluent les progrès des fusions, en considérant les étapes importantes comme les autorisations des autorités de la concurrence, de façon à réagir de façon appropriée lorsque les circonstances changent.

La stratégie *Long/Short Trading* est pratiquée sous la forme de portefeuilles gérés de façon indépendante, mais agrégés en ce qui concerne la gestion du risque, et qui portent sur les secteurs industriels suivants : Canada, biens de consommation, secteurs cycliques, services financiers, secteurs de santé, assurances, technologies de l'information et services collectifs. La composition de chaque portefeuille est déterminée par l'analyse fondamentale, mais elle est également influencée par les facteurs techniques qui affectent des entreprises particulières. En plus des actions, les gérants de portefeuille peuvent utiliser des options et des dérivés de crédit pour affiner leurs positions d'une manière correspondant plus précisément à leurs choix d'investissement.

La stratégie *Credit Arbitrage* peut prendre des formes différentes qui incluent (mais qui ne sont pas limitées à) l'achat et la vente de différents instruments dérivés de crédit concernant un émetteur, la vente à découvert des obligations d'un émetteur susceptible d'avoir une détérioration de son crédit, et l'achat des titres à haut rendement qui offrent des profils de rendements favorables.

11. Chest Fund, le « hedge fund » de John Maynard Keynes

Keynes le spéculateur

John Maynard Keynes commence sa carrière de spéculateur en août 1919 en se lançant dans la spéculation sur les monnaies. Il n'hésite pas à prendre des risques en utilisant un important effet de levier : le compte de marge qu'il ouvre chez son courtier lui permet de prendre des positions à hauteur de 40 000 livres avec seulement 4 000 livres de capital sur son compte.

Keynes achète et vend des dollars, des francs français, des lires italiennes, des marks allemands, des florins hollandais et des roupies indiennes, car il est persuadé que le dollar devrait s'apprécier et les autres monnaies se déprécier. Il se met donc en position longue (*long*) sur le dollar et en position courte (*short*) sur les monnaies européennes.

Keynes apprend vite, à ses dépens, que spéculer à court terme sur les monnaies est très risqué.

En mai 1920, en dépit des anticipations haussières de Keynes, le dollar poursuit sa baisse, et le mark, sur lequel Keynes continue à être *bearish*, commence un *rally* de trois mois. Keynes est « lessivé ». Il réussit néanmoins à réunir la somme nécessaire pour pouvoir continuer à intervenir en Bourse, mais il a appris à ses dépens une leçon fondamentale : les marchés sont imprévisibles, d'où la célèbre citation : « *Le marché peut rester irrationnel plus longtemps que vous ne pouvez rester solvable* ».

Keynes le gérant de fonds

La renommée de Keynes comme économiste conseiller du parti libéral et ses succès personnels sur les marchés sont tels qu'on lui propose, et qu'il accepte, des postes de gérant dans les sociétés d'assurances National Mutual Life Insurance et Provincial Insurance. Keynes devient également « *first bursar* » du King's College de Cambridge qui lui confie la responsabilité de gérer son patrimoine.

Keynes décide de concentrer toutes les ressources dont il a la gestion dans un fonds unique, le « Chest Fund ». À ceux qui lui reprochent de vendre des propriétés foncières et immobilières et d'utiliser les sommes obtenues pour « spéculer en Bourse », Keynes répond qu'il préfère « spéculer » sur un actif qui a une cotation journalière et qui est suffisamment liquide pour pouvoir être acheté et vendu facilement, qu'« investir » dans quelque chose dont le prix est largement inconnu.

Les prévisions de Keynes se révèlent parfois totalement fausses, comme lors du krach boursier de l'automne 1929. Le 25 octobre 1929, le quotidien américain *New York Evening Post* demande à Keynes, l'économiste célèbre de Cambridge, un bref article sur les conséquences du krach boursier qui vient de se produire : « *Il va y avoir une aggravation du chômage cet hiver, à cause du renchérissement du loyer de l'argent* (dear money), *mais on peut prévoir ensuite une période de baisse du loyer de l'argent* (cheap money) *qui sera favorable aux entreprises.* » Grâce à cette baisse des taux d'intérêt, « *les entreprises pourront repartir (…) les prix des matières premières vont se raffermir et l'agriculture se portera mieux.* »

À partir du début des années 1930, Keynes s'oriente progressivement vers l'analyse fondamentale, c'est-à-dire l'étude des bilans des entreprises, des produits et des services qu'elles vendent, et il construit son portefeuille de manière ascendante (*bottom-up*) pour réaliser des investissements importants dans un petit nombre d'entreprises sélectionnées.

Cette stratégie d'investissement est remarquablement similaire à celle qu'adoptera Warren Buffett à partir de 1956. Buffett reconnaîtra l'influence que Keynes, l'investisseur, a eue sur lui en citant une lettre écrite en août 1934 par Keynes : « *Plus le temps passe, et plus je suis convaincu que la bonne méthode d'investissement consiste à mettre de grosses sommes dans des entreprises dont on pense qu'on les connaît et qu'on fait confiance à leurs dirigeants. C'est une erreur de croire qu'on limite son risque en saupoudrant ses actifs sur des entreprises dont on ne connaît pas grand-chose et dont on n'a pas de raison d'avoir spécialement confiance. (…) Nos connaissances sont par définition limitées et, en ce qui me concerne, à un instant donné, il n'y a généralement pas plus de deux ou trois entreprises dans lesquelles je peux m'engager en toute confiance.* »

Comme Buffet, Keynes est parfois critiqué car il refuse de se séparer de valeurs en difficulté lorsqu'il pense qu'elles vont prospérer à long terme. Keynes est en fait devenu un investisseur à contre-tendance (*contrarian investor*) et, en 1937, il s'exprime ainsi sur l'investissement en Bourse et sur son propre style de gestion : « *C'est le seul domaine d'activité où la victoire, la sécurité et le succès reviennent toujours à la minorité et jamais à la majorité. Quand vous trouvez quelqu'un qui est d'accord avec vous, changez d'opinion. Lorsque j'arrive à convaincre le conseil d'administration de ma compagnie d'assurances d'acheter un titre, je sais, par expérience, que c'est le bon moment de le vendre.* »

Le portefeuille concentré et équilibré de Keynes

En 1936, Keynes explique plus en détail son style de gestion. Selon lui, l'investisseur doit :

- sélectionner soigneusement quelques valeurs en fonction de leur prix relativement faible par rapport à leur valeur *intrinsèque* potentielle dans quelques années, et par rapport à des investissements alternatifs ;
- acheter massivement ces titres et les conserver contre vents et marées pendant quelques années, jusqu'à ce que les promesses se réalisent ou qu'il soit évident que leur achat était une erreur ;

– maintenir une position d'investissement *équilibrée*, c'est-à-dire chercher, si possible, à ce que les risques des différents investissements *s'opposent*.

La réunion de plusieurs investissements non corrélés ou opposés au sein d'un même portefeuille est à la base même du concept de « hedge fund » qu'a développé A. W. Jones à partir de 1949.

Le « Chest Fund » de Keynes réussit à « battre le marché »

Le capital initial du « Chest Fund » était de 30 000 livres en 1927. À la mort de Keynes en 1946, le fonds dispose d'un capital de 380 000 livres, soit un taux de rendement annuel moyen supérieur à 12 %.

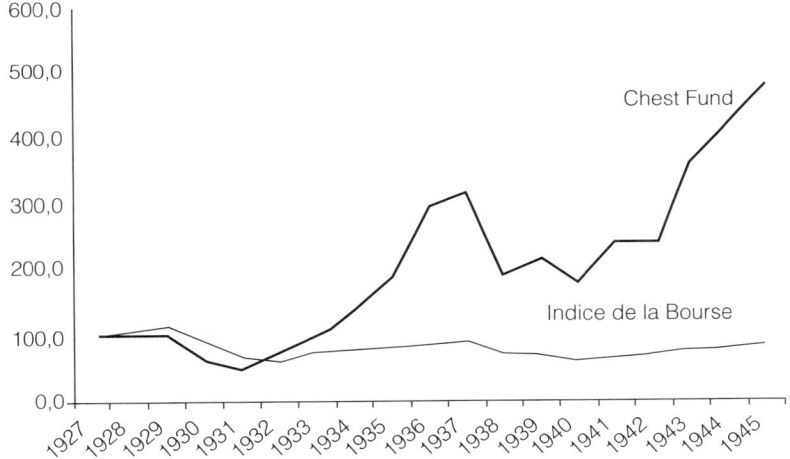

Graphique 1 – Les performances du « Chest Fund »
géré par J. M. Keynes de 1927 à 1946

Keynes, le spéculateur, condamne néanmoins la spéculation !

« Si nous désignons par le terme spéculation *l'activité qui consiste à prévoir la psychologie du marché et par le terme* entreprise *celle qui consiste à prévoir le rendement escompté des actifs pendant leur existence entière, on ne saurait dire que la spéculation l'emporte toujours sur l'entreprise. Cependant le risque d'une prédominance de la spéculation tend à grandir à mesure que l'organisation des marchés financiers progresse. (…) Les spéculateurs peuvent être aussi inoffensifs que des bulles d'air dans un courant régulier d'entreprise. Lorsque dans un pays le développement du capital devient le sous-produit de l'activité d'un casino, il risque de s'accomplir dans des conditions défectueuses. »*

12. Les ventes à découvert et l'éclatement des « bulles financières »

Les décisions réglementaires qui, des deux côtés de la Manche, interdisent la vente à découvert au début du XVIIIe siècle mettent en évidence un thème récurrent de l'histoire financière. Les « bulles financières » se produisent lorsque les investisseurs font monter les prix des actifs largement au-dessus de leur valeur intrinsèque. L'éclatement d'une « bulle » s'accompagne souvent d'une crise économique. Quels sont alors les investisseurs incriminés ? Ce ne sont pas les *bulls* qui, pourtant, sont responsables de la montée des cours. Ce sont invariablement les *bears* auxquels on impute les difficultés survenues après l'éclatement de la bulle, et ce sont eux qui font les frais des mesures prises contre la spéculation. Pendant les périodes de frénésie haussière, ce sont pourtant les *bears* qui se sont comportés comme des investisseurs rationnels en prévenant le public qu'il était insensé de suivre des marchés surcotés. Après l'éclatement d'une « bulle », ce sont encore les *bears* qui continuent à montrer du doigt les titres surcotés et à faire en sorte que les prix redeviennent compatibles avec les valeurs intrinsèques, une condition nécessaire pour que la reprise puisse commencer. Ce sont néanmoins ces participants au marché qui sont vilipendés !

En dépit d'une interdiction temporairement appliquée par l'État de New York en 1812, les ventes à découvert ont cependant été mieux tolérées aux États-Unis qu'en Europe. L'effondrement boursier qui commence en octobre 1929[1] ne modifie pas fondamentalement la situation. Alors que l'indice Dow Jones continue sa descente au printemps 1932, des rumeurs folles circulent à New York qui évoquent les profits énormes réalisés par les vendeurs à découvert, et les conspirations politiques fomentées par des étrangers qui cherchent à déstabiliser le marché américain. Le président Hoover, dont la campagne présidentielle vacille, cherche à utiliser l'occasion et il incite le Sénat à créer une commission d'enquête sur les pratiques de Wall Street.

13. Les hedge funds et les ventes à découvert

Il fallait s'attendre à ce que le terme hedge fund devienne synonyme de « vente à découvert ». La première critique des ventes à découvert pratiquées par les hedge funds intervient dès mai 1970 lorsqu'un courtier demande à la SEC d'interdire ces « fonds d'arbitrage » qui utilisent trop – sans doute trop intelligemment – cette pratique[2]. Dans les années 1990, les hedge funds sont accusés d'avoir déclenché la « crise asiatique » de l'été 1997.

---

1. G.-M. Henry, *La crise de 1929*, Éditions Armand Colin, Collection Cursus, 2000.
2. La référence se trouve dans l'excellent ouvrage de Edward Chancellor, *Devil Take The Hindmost : A History Of Financial Speculation*, Farrar, Straus & Giroux, 1999.

On se souvient des attaques lancées contre George Soros par le Premier ministre de Malaisie Mahathir Mohamad. Les études ultérieures ont montré que les hedge funds n'étaient pas responsables de l'effondrement des monnaies et des Bourses de plusieurs pays asiatiques. Il n'existe aucune corrélation (positive ou négative) entre les performances de fonds comme le Quantum Fund de Soros et l'éclatement de la bulle spéculative asiatique : s'ils avaient réellement profité de la situation, comment se fait-il que ces fonds soient tout juste rentrés dans leurs frais pendant la crise ? Les fonds *global macro* ont par ailleurs été quasiment les seuls à se porter acheteurs de monnaies asiatiques en août et septembre 1997, car ils pariaient, sans doute à tort, sur un rebond de ces monnaies après leur effondrement.

14. Les ventes à découvert et la liberté de la presse

La justification la plus éloquente de la vente à découvert est sans doute celle qu'a donnée le financier américain Bernard Baruch qui avait été convoqué devant le Congrès à Washington en 1916 après une (petite) panique boursière pour expliquer ses ventes à découvert des actions de la Brooklyn Rapid Transport Company, une des deux compagnies de métro new-yorkaises, dont les cours avaient vivement progressé depuis l'attribution en 1913 d'un énorme contrat par la ville. Baruch explique poliment aux hommes politiques que « *Les "bears" (vendeurs à découvert) ne peuvent gagner de l'argent que si les "bulls" (les acheteurs au comptant ou à la marge) font monter les cours à un niveau tel qu'ils sont surévalués et malsains. (…) Les "bulls" ont toujours été plus populaires chez nous parce que l'optimisme fait partie de notre héritage. Mais l'optimisme excessif est capable de faire plus de dégâts que le pessimisme parce que toute prudence est oubliée. Pour bénéficier des avantages d'un marché libre, il doit y avoir des acheteurs et des vendeurs, à la fois des "bulls" et des "bears". Un marché sans vendeurs à découvert ressemblerait à un pays sans presse libre. Il n'y aurait personne pour critiquer et pour limiter l'optimisme irrationnel qui conduit toujours au désastre* »[1].

15. La spéculation financière et l'exception culturelle française

Le choc psychologique créé par l'éclatement de « la bulle du Mississippi » et par la triste histoire des assignats[2] explique peut-être que les Français aient conservé une profonde aversion pour la spéculation financière. Napoléon, qui continue à exercer une certaine fascination sur les hommes politiques français, considérait

---

1. *Idem.*
2. Titres d'emprunt émis par le Trésor en 1789 dont la valeur est assignée sur les biens nationaux. Les assignats deviennent une monnaie en 1791 et les assemblées révolutionnaires multiplient les émissions qui entraînent une forte inflation. Le cours légal des assignats est supprimé en 1797.

que la vente à découvert était « antipatriotique » et, en 1802, est signée une ordonnance qui permet de condamner les vendeurs à découvert à une peine de prison pouvant atteindre un an. On retrouve cette hostilité française au « capitalisme anglo-saxon » lors des événements qui ont conduit à la sortie de la livre du Système monétaire européen en 1992. Le ministre de l'Économie et des Finances de l'époque, Michel Sapin, n'hésite pas à dire en parlant de George Soros et des autres spéculateurs : « *Pendant la Révolution, ces gens-là étaient considérés comme des agioteurs, et on les guillotinait.* »[1]

16. Les origines de la « marche aléatoire »

Dans la littérature financière, l'expression « marche aléatoire » (ou marche au hasard) est utilisée pour caractériser une série de valeurs dans lesquelles toutes les variations de valeurs à venir représentent des écarts aléatoires par rapport aux valeurs précédentes : ces écarts aléatoires sont de plus totalement décorrélés les uns des autres. Cette propriété signifie intuitivement qu'à chaque instant, les valeurs futures dépendent de l'état présent, mais pas du passé, même le plus proche. Autrement dit, le système « perd la mémoire » à mesure qu'il évolue dans le temps.

17. Le *stock picking* ?

Qu'est-ce que le *stock picking* ?

Le *stock picking*, ou « sélection de valeurs », est à la fois un style et une philosophie d'investissement. Le *stock picking* repose sur la conviction que ce sont les titres et non l'allocation d'actif qui apportent le plus de valeur ajoutée dans un portefeuille.

À quoi sert le *stock picking* ?

Le marché est semi-efficient : d'une part, les marchés ne reflètent pas toujours l'information effectivement disponible, d'autre part, tous les acteurs du marché ne disposent pas réellement de la même information. En analysant les données financières des entreprises (bilans, bénéfices, trésorerie…) et en rencontrant leurs dirigeants, un gestionnaire est en réalité mieux armé pour comprendre et évaluer le potentiel futur d'une société. Si l'on considère que les actions reflètent l'avenir de l'entreprise, en étant capable d'identifier les entreprises dont les résultats vont dépasser les attentes du marché, on est généralement à même d'identifier les actions performantes de demain.

---

1. Source : Reuters News, « France, Germany win round in battle to save EMS », September 23, 1992.

18. La méthodologie *Alpha League Table*

Pour la première fois en Europe, une méthode de classement s'attache véritablement à distinguer le talent lié à la gestion active (alpha) des autres composantes de la performance liées au marché (bêta).

Fondé sur la notation *Style Rating* développée par EuroPerformance et l'EDHEC, et retenant les fonds notés 4 et 5★, l'*Alpha League Table* est en effet le premier classement européen permettant de récompenser les sociétés de gestion pour leur capacité à créer de l'alpha dans leur gestion « actions ».

À l'heure où se développent les offres de gestion passive, il paraît indispensable pour l'industrie de la gestion, comme pour les investisseurs, de pouvoir distinguer les « producteurs » de gestion active talentueux qui, au-delà des rendements que procure naturellement l'exposition (bêta) long terme du fonds à des risques de marché et de styles, sont capables d'offrir une surperformance (alpha) à leurs clients.

Le calcul de l'alpha, c'est-à-dire de la surperformance obtenue par le gérant par rapport aux rendements « normaux » que lui procurent des expositions à des risques de marchés et de styles, suppose que soient déterminées précisément les expositions aux risques (les bêtas). Le benchmark représentatif des risques réellement pris par le gérant est déterminé en analysant les rendements du fonds par une régression multi-indicielle sur les styles (méthode *Return Based Style Analysis* du prix Nobel Willam Sharpe).

19. TradeStation : une « boîte noire » pour les petits investisseurs

TradeStation est une application sous Windows, conçue, vendue et distribuée par TradeStation Securities. Il s'agit d'un logiciel d'analyse technique qui est utilisé pour intervenir sur les marchés financiers. TradeStation utilise un langage de programmation spécifique appelé *EasyLanguage*.

TradeStation est une plateforme professionnelle destinée à tous ceux qui veulent participer aux marchés financiers. Elle est utilisée principalement par les investisseurs individuels et les petites boutiques de gestion financière, car les grandes institutions ont généralement développé leurs propres solutions. TradeStation fournit une large fonctionnalité de réception de données en temps réel, de présentation de graphiques et de mise en place de positions d'investissement. TradeStation est fourni avec un grand nombre d'indicateurs prédéfinis, mais les utilisateurs peuvent créer et afficher leurs propres indicateurs en utilisant le langage de programmation incorporé *EasyLanguage*. TradeStation permet de développer, de tester et d'automatiser tous les aspects du trading. Les stratégies de trading peuvent être testées et améliorées en utilisant des données historiques avant d'être adoptées et d'être utilisées réellement. TradeStation peut être utilisée simplement comme un instrument de test ou comme plateforme de négociation, TradeStation Securities servant alors de courtier.

www.tradestation.com/
http://www.tradestation.com/

20. Les réglementations européennes des hedge funds

Pays	Produits réglementés	Vente au public	Minimum exigé
France	*OPCVM ARIA*	Oui	125 000 €
	OPCVM ARIEL		
	OPCVM contractuels		250 000 €
	OPCVM de fonds alternatifs (Fund of hedge funds)	Oui	10 000 €
Allemagne	*Sondervermögen mit zusätzlichen Risiken (Hedgefonds)*	Non	Aucun
	Fund of hedge funds	Oui	
Irlande	*Professional Investor Fund*	Non	125 000 €
	Qualifying Investor Fund		250 000 €
	Fund of hedge funds	Oui	Aucun
Italie	*Fondi speculativi*	Non	500 000 €
	Fund of hedge funds	Oui	
Luxembourg	*Undertakings for collective investment pursuing alternative investment strategies*	Oui	Aucun
Portugal	*Fundo Especial de Investimento*	Oui	15 000 €
Espagne	*IIC de Inversion libre*	Non	50 000 €
	Fund of hedge funds	Oui	Aucun
Royaume-Uni	*Qualified Investor Scheme*	Non	Aucun
	Fund of hedge funds	Oui	

21. Restrictions en Europe sur les investissements dans les hedge funds[1]

Pays	Compagnies d'assurances	Fonds de retraite
France	Autorisés avec de sévères restrictions	Interdits
Allemagne	Autorisés avec des restrictions	Autorisés avec des restrictions
Italie	Interdits	Autorisés avec des restrictions
Pays-Bas	Autorisés	Autorisés
Espagne	Interdits	Interdits (sauf au Pays basque !)
Royaume-Uni	Autorisés avec des restrictions	Autorisés

22. Commission économique et monétaire[2]

Question : Vous avez évoqué l'initiative de la SEC, de la FSA et de la Réserve fédérale de New York sur les dérivés de crédit et le manque d'informations sur les données, notamment les échanges non confirmés et leur volume, qui sont susceptibles de poser des risques systémiques. La BCE y participe-t-elle également et disposez-vous également d'outils pour nous donner davantage d'informations à ce sujet ?

Réponse : Permettez-moi juste de dire qu'il est compréhensible qu'une grande quantité de travail ait été faite à New York et à Londres, car c'est là que se trouve la majeure partie des marchés dérivés. Quoi qu'il en soit, l'analyse de la situation s'inscrit dans le cadre d'efforts à l'échelle internationale, et, le moment venu, il faut prendre les décisions qui s'imposent au niveau international également, car il n'existe pas de solution pouvant émaner d'un niveau inférieur dans ces domaines.

Question : La Banque centrale européenne fut l'une des premières des grandes institutions à souligner, comme elle l'a fait cet été, que les fonds spéculatifs font courir à tout le moins un danger potentiel à la stabilité des marchés de capitaux, car, désormais, ils ont un poids considérable dans les différents segments. Il est évident que toute forme de réglementation ou de contrôle n'a des chances de porter ses fruits que si elle revêt un caractère international, c'est-à-dire qu'elle ne se limite pas à l'Union européenne, mais se fasse en étroite collaboration

---

1. Pour les compagnies d'assurances et les fonds de retraite.
2. Dialogue monétaire avec M. Jean-Claude Trichet, président de la BCE (conformément à l'article 113, paragraphe 3, du traité CE), Bruxelles, mardi 10 octobre 2006 (Extraits).

avec les États-Unis et les grands et importants pays asiatiques. À cet égard, je voudrais savoir si le président considère cette tâche irréalisable et s'il la mettra par conséquent en suspens, ou s'il a une idée sur la manière de faire progresser quelque peu les choses.

Réponse : Pour ce qui est des fonds spéculatifs, vous avez tout à fait raison de mentionner le fait que, dans notre dernière publication sur la stabilité financière, nous avons tout particulièrement insisté sur les risques liés à ces fonds. Il y avait tout un encadré à ce sujet et je dirais que les récents événements ont montré que ces risques étaient bien réels. Je dois dire qu'ils ont aussi montré que la résistance du marché est forte, vu qu'ils ont été absorbés très rapidement par le marché. Néanmoins, l'heure n'est pas à la complaisance. Nous devons comprendre beaucoup mieux l'interaction entre cet immense encours de toutes sortes de dérivés, en particulier des dérivés de crédit. Le secteur des fonds spéculatifs est en pleine expansion ; nous devons tirer les bonnes conclusions et déterminer si nous pouvons être satisfaits du système actuel, à savoir un contrôle indirect des fonds spéculatifs *via* leurs contreparties, supervisées par nous-mêmes, ou si nous devrions aller plus loin, comme d'aucuns le suggèrent.

Il faut avoir une idée de la façon dont les fameux hedge funds se répartissent sur le plan mondial. Ils ne sont pas très nombreux dans la zone euro, je le regrette personnellement, alors qu'ils sont nombreux hors de la zone euro, en particulier aux États-Unis et en Angleterre. On peut d'ailleurs se demander ce qui manque au niveau du système financier continental et en Irlande pour que, dans ce domaine, nous bénéficiions effectivement d'une activité qui soit aussi dynamique qu'ailleurs. C'est une des raisons pour lesquelles il est essentiel d'avoir un accord mondial, parce qu'il ne serait guère utile, me semble-t-il, que l'une des autorités légifère sans qu'il y ait eu de concertation appropriée au niveau mondial. Par ailleurs, je crois qu'il faut souligner la différence entre les fonds de pension, qui sont des institutions très importantes, et les fonds spéculatifs dits hedge funds, qui sont d'une tout autre nature.

Question : Le président a déjà touché un mot sur les fonds spéculatifs et le fait que la plupart d'entre eux se trouvent en dehors de l'Europe. Le président envisage-t-il la nécessité d'une réglementation accrue sur les fonds spéculatifs ?

Réponse : Pour ce qui est des aspects de nos discussions sur la stabilité financière relatifs au fonctionnement du marché, vous savez qu'en collaboration avec le CERVM, nous avons élaboré un projet de norme pour le SEBC et le CERVM. La Commission pouvait proposer une directive. Elle a préféré opter pour un code de conduite. Nous espérons que le travail que nous avons déjà accompli, et qui sera bientôt terminé, complétera ce code de conduite.

Question : S'agissant des hedge funds, vous nous avez déjà dit qu'il devait s'agir d'une solution globale. Est-ce que, compte tenu de notre expérience en matière de supervision bancaire, nous ne devons pas explorer ce que pourrait être une réglementation légère, puis la proposer ? Nous voyons bien aujourd'hui que les banques ont la capacité d'être juge et partie dans leur intervention auprès des hedge funds. Quand on nous dit que les banques sont régulées de façon satisfaisante, est-ce que vous pensez que, compte tenu des motivations de leur comportement et de leur stratégie d'investissement dans les hedge funds, cette information et cette supervision indirectes sont suffisantes et que davantage de transparence et d'enregistrement ne seraient pas nécessaires ?

Réponse : En ce qui concerne les hedge funds, j'ai déjà indiqué que ce n'était pas la seule question, qu'il fallait tenir compte de l'interaction entre ces fonds et l'ensemble des autres participants du marché ainsi que de l'énorme explosion de l'encours de l'ensemble des dérivés de crédit, et pas uniquement des dérivés de crédit. Les marchés financiers connaissent actuellement un foisonnement créateur absolument extraordinaire, que nous observons depuis plusieurs années, mais qui, semble-t-il, a tendance à s'accélérer et qui a des aspects extraordinairement positifs.

Si mon ancien collègue américain, Alan Greenspan, était devant vous, il vous dirait que, si l'explosion de la bulle technologique a été absorbée de manière aussi remarquable par l'ensemble du secteur financier, c'est parce que les dérivés, et en particulier les dérivés de crédit, avaient réparti les risques de façon extrêmement vaste, ce qui fait qu'ils ont été absorbés par l'ensemble des détenteurs de ces dérivés de crédit car ils n'étaient plus concentrés sur un petit nombre d'institutions financières, de grandes banques commerciales internationales qui, sinon, auraient connu une situation extrêmement difficile, avec le déclenchement d'une crise financière très grave. Voilà ce que Alan Greenspan vous aurait dit et vous dirait encore. Il est incontestable que ces créations nouvelles et récentes viennent d'un vrai besoin de l'ensemble des opérateurs et des acheteurs de dérivés, des vendeurs de risques, et des acheteurs de risques et que tout ceci correspond à quelque chose qui peut être très positif dans certaines circonstances.

Notre problème à tous est de bien comprendre les dangers potentiels. Soyez bien conscients qu'il n'y a pas que des aspects négatifs. Il y a des aspects très positifs. Les aspects négatifs n'ont pas encore été testés et c'est cela que nous devons faire au niveau mondial. Il y a des risques de marché très importants mais, encore une fois, ils ne sont pas seulement liés aux hedge funds eux-mêmes.

Bibliographie

Ouvrages de référence en anglais :

Handbook of Hedge Funds, François-Serge Lhabitant, John Wiley & Sons, 2006.
« Hedge Funds – What Do We Really Know ? », Barry Eichengreen et Donald Mathieson, *Economic Issues*, n° 19, September 1999, International Monetary Fund.
www.imf.org/external/pubs/ft/issues/issues19/

Numéro spécial :

La Revue de la stabilité financière, « Hedge Funds », avril 2007.
www.banque-france.fr/fr/publications/rsf/rsf_b.htm

Fonds documentaire :

Harvard Business School's Baker Library Guide to Hedge Funds. Ce fonds documentaire de la bibliothèque de la Harvard Business School est consacré aux hedge funds.
http://www.library.hbs.edu/guides/hedgefunds/index.html

Bibliographie complémentaire :

All About Hedge Funds : The Easy Way to Get Started, Robert A. Jaeger, McGraw-Hill, 2002.
Evaluating Hedge Fund Performance, Vinhÿ Q. Tran, Wiley, 2006.
Getting Started in Hedge Funds, Daniel A. Strachman, Wiley, 2000.
Hedgehogging, Barton Biggs, Wiley, 2006
Hedge Funds for Dummies, Ann C. Logue, Wiley, 2007.
Hedge Funds: Myths and Limits, François-Serge Lhabitant, Wiley, 2002.
Hedge Funds: Quantitative Insights, François-Serge Lhabitant, Wiley, 2004.

Inside the House of Money : Top Hedge Fund Traders on Profiting in the Global Markets, Steven Drobny, Wiley, 2006.

Investing in Hedge Funds, Joseph G. Nicholas, Bloomberg Press, 1999.

The Prudent Investor's Guide to Hedge Funds : Profiting from Uncertainty and Volatility, James P. Owen, Wiley, 2000.

Understanding Hedge Fund, Scott Frush, McGraw-Hill, 2007.

Index

Index des noms

Index des concepts

Achevé d'imprimer : EMD S.A.S.

N° d'éditeur : 3612
N° d'imprimeur : 18574
Dépôt légal : janvier 2008
Imprimé en France

Cet ouvrage est imprimé - pour l'intérieur - sur papier Tauro 90 g des papeteries M.Réal.
dont les usines ont obtenu la certification environnementale ISO 14001 et opèrent conformément aux normes ECF et EMAS